Birk Engmann

Do widzenia in Chicago

Reisebilder

AF190124

für meine Freunde

© 2018
Herstellung und Verlag: BoD – Books on
Demand, Norderstedt.
ISBN: 9783746036991

Vorwort

Dies ist ein kleines Büchlein für meine Freunde und Reisebekanntschaften, zusammengestellt aus Reiseberichten. Diese folgen keiner Systematik, vielmehr griff ich jeweils dann zur Feder, wenn mich Dinge sehr beeindruckt und zum weiteren Nachdenken angeregt haben. So entstand beispielsweise der erste Bericht in einem Guss in einer lauen Sommernacht auf dem Balkon meiner Wohnung in Connewitz; die Amerika-Schilderungen hingegen folgten stichwortartigen Aufzeichnungen, die ich während der Reisen anfertigte. Insofern steht nicht die Chronologie der Reise im Vordergrund, sondern mit der Reise verbundene Ansichten und Einsichten. Einige Reisen inspirierten mich zudem, besondere Momente in Öl oder Kohle festzuhalten. Die Gemälde sind immer erst meiner Rückkehr entstanden. Damit wird nun auch der selbstgewählte Untertitel dieses Büchleins in seiner konkreten Auslegung verständlich: Reise*bilder*. Ich wünsche denjenigen Lesern, die mit dem Dargestellten aufs Innigste verbunden sind, ein freudiges Wiedererinnern, allen anderen vielleicht ein Schmunzeln und ein neu gewecktes Interesse an Land und Leuten.

Es muss nicht immer Mallorca sein. Eine Reise in das Kaliningrader Gebiet

Von Braniewo nach Russland

Eineinhalb Stunden Warten, Kontrollieren und schließlich Stempeln sind vorüber. Die polnisch-russische Grenze ist passiert. Langsam quälen sich die vermutlich extra für diese Strecke ausgesuchten fossilen Wagen der polnischen Eisenbahn ächzend in Richtung Kaliningrad. Die häufig nicht zu schließenden Waggonfenster schwingen im Takt der Gleisunebenheiten. Dünn besiedelt mit weitläufigen Feldern, durchbrochen von Baumreihen und Wäldchen – und am Horizont schimmert das Frische Haff. So eröffnet sich die Landschaft dem Reisenden.

Der erste Halt nach der polnischen Grenzstation Braniewo (Braunsberg) ist Mamonowo, das frühere Heiligenbeil. Im Gegensatz zu den polnischen Ortsbezeichnungen, die zumindest die ehemaligen deutschen Namen erahnen lassen, sind die Ortsnamen des Kaliningrader Gebietes gänzlich Neuschöpfungen. Dieser Teil Ostpreußens fiel nach dem zweiten Weltkrieg an die Sowjetunion und wurde der russischen Sowjetrepublik angegliedert. Im Jahre 1946 wurde die „Kaliningradskaja Oblast" gegründet. Im Zuge der Einverleibung dieses Gebietes benannte man diejenigen Städte und Dörfer, die von Menschen aus allen Teilen der

4

Sowjetunion neu besiedelt wurden, um. Einige Siedlungen sind jedoch nach der Vertreibung der deutschen Bevölkerung aufgegeben worden. Aus Königsberg wurde Kaliningrad, benannt nach Michail Iwanowitsch Kalinin (1875 – 1946), einem engen Vertrauten Stalins. Tilsit hieß fortan Sowjetsk. Eine Reihe von Gemeinden wurde nach verdienstvollen Generälen der Sowjetarmee benannt, wie Tscherniachowsk statt Insterburg. Auch ungewöhnliche Namen fallen auf: Schelesnodoroschni, der „Eisenbahnort", oder Pjerwomaiskoe, am ehesten als Ort des ersten Mai zu übersetzen. Anfang der neunziger Jahre mit der Öffnung des Kaliningrader Gebietes nach jahrzehntelangem Dasein als Militärstützpunkt begann zumindest in Kaliningrad eine Diskussion um die Umbenennung der Stadt. Die alte deutsche Bezeichnung aber auch eine Würdigung ihres berühmtesten Sohnes, Immanuel Kant, standen zum Disput. Wohl übermäßige Anteilnahme an dieser Sache von deutscher Seite verletzte den Nationalstolz und ließen die Debatte rasch abflauen. Nichtsdestotrotz erscheint der Umgang der Russen mit der deutschen Vergangenheit relativ nüchtern und sachlich. Das Wort Ostpreußen ist kein Affront, man findet es auch auf Gedenktafeln aus Sowjetzeiten. Ein Busunternehmen nennt sich Kenig-Awto; Ostmark, Tilsit und Kenigsberg sind

Biersorten. Rauschen heißt ein Hotel in Swetlogorsk, dem früheren Rauschen. In Sowjetsk besucht man das Café Altstadt. Doch diese Aufzählung, die sich noch beliebig fortsetzen ließe, täuscht nicht darüber hinweg, dass dieser Teil des ehemaligen Ostpreußens heute kulturell ein Stück Russland ist. Interessanterweise fallen neben typisch russischen Verkaufsmodalitäten – keine Selbstbedienung in den Geschäften – oder den „Konduktoren", den Fahrkartenverkäufern, in Bus und Straßenbahn auch Eigenheiten auf, die zum Beispiel Hans Lehndorf bereits im Jahre 1945 in „Königsberg unter den Russen" in seinem „Ostpreußischen Tagebuch" festhielt. Erstens die Liebe zu lauter Musik. Die meisten Gaststätten sind nichts für empfindliche Ohren. Speisen in Geräuschpegeln einer Diskothek ist nichts Ungewöhnliches. Zweitens die „Praktikabilität". Nachts sah ich einen Linienbus mit hell erleuchteter Anzeigetafel, auf der Haltestellen einer deutschen Stadt zu sehen waren. Anscheinend werden die in Deutschland ausgesonderten Busse und Straßenbahnen ohne größere Umgestaltung übernommen. Nach längerem Suchen fand ich den russischen Haltestellenplan aus Pappe am seitlichen Busfenster, eingeklemmt zwischen Sitz und Scheibe durch eine leere Mineralwasserflasche. Auch die Straßenbahnen sind überwiegend von Hierzulande stammende.

Bewundernswert ist die Geduld aber auch die Ironie, mit der die Menschen die Unzulänglichkeiten des Alltags auf sich nehmen.

Abb. Das Brandenburger Tor in Kaliningrad im Winter, Öl auf Leinwand, 2003.

Die Stadt Kaliningrad

Kaliningrad, das ehemalige Königsberg, ist eine Stadt mit 400000 Einwohnern und das Zentrum der heutzutage vom Mutterland territorial isolierten russischen Enklave. Wirtschaftlich weiterhin von Finanzhilfen aus Moskau abhängig, blieben Träume von einer aufstrebenden Sonderwirtschaftszone unerfüllt. Das Lebensniveau unterscheidet sich krass von dem der Nachbarstaaten Polen und Litauen.

In Kaliningrad selbst hat nur das geübte Auge die Chance, bauliche Reste deutscher Geschichte zu entdecken. Von schweren Kriegszerstörungen heimgesucht, lässt besonders das Stadtzentrum steinerne Zeitzeugen vermissen. Die alte Kneiphofinsel existiert zwar als solche, doch ist sie bis auf den Dom, dessen Ruine jüngst gesichert und wieder mit einem Dach versehen wurde, unbebaut. Ein großer Park dehnt sich dort aus. Nebenan ist die alte Börse von 1875 im Neorenaissancestil zu bewundern, heutzutage der „Kulturpalast der Seeleute". Die Ruinen des Schlosses wurden in den sechziger Jahren gesprengt. Heute bedauern die Kaliningrader diesen Verlust. Ein Restaurant an einer der großzügigen, breiten Straßen, dem Moskowskij-Prospekt, hat sich die Vorkriegsansicht zur Reklametafel gemacht. Kitsch als Ersatz für verlorengegangene Identität. Parallelen zu meiner Heimatstadt Leipzig tun sich auf. Interessanter wird Kaliningrad, wenn man das weitläufige, um nicht zu sagen öde Zentrum verlässt und sich an den Stadtrand begibt. Hier kann man noch zusammenhängende Villenviertel und Häusergruppen aus der Vorkriegszeit finden. Sehenswert die fast komplett aber nicht unversehrt erhaltenen ehemaligen Festungsanlagen der Stadt, die vor allem aus dem 19. Jahrhundert stammen. Am Wrangelturm ein riesiger Markt; vom Autoersatzteil über Bekleidung und Lebensmittel aller Art bis hin zum Brillenverkaufsstand inklusive Sehtest reicht das Angebot. In den Straßen hin und wieder gelbe „Tankwagen" mit Kwas, dem alkoholfreien Nationalgetränk der Russen.

Doch ebenso kulturell gibt es einiges zu entdecken. Besonders die Museen zeichnen sich durch Liebe zum Detail aus und sind überhaupt aufwendig gestaltet. Sehenswert das Museum für Geschichte der Stadt am ehemaligen Schlossteich in der früheren Stadthalle, das Bernsteinmuseum im Dohnaturm oder der Bunker, der den letzten Befehlsstand der Wehrmacht in der Festung Königsberg bis zur Kapitulation jener am 9. April 1945 beherbergte. Der Konzertsaal, in den siebziger Jahren in einer früheren katholischen Kirche hergerichtet, lohnt einen abendlichen Besuch.

Die Eintrittspreise sind für westliche Ausländer eher moderat durch den günstigen Umtauschkurs. Doch neuerdings häufiger findet man spezielle Preise für Touristen. Verglichen mit dem äußerst niedrigen Lohnniveau der Russen wahrscheinlich für uns immer noch preiswert. Etwas befremdlich dagegen die Hotelpreise. Für, gemessen an Deutschland, eher unterdurchschnittlichem

Komfort rollt hier der Rubel, lieber jedoch der Dollar, gewaltig.

Rauschen und Cranz
Auch die Badeorte Swetlogorsk (Rauschen) und Selenogradsk (Cranz) stehen diesem Preisniveau in keiner Weise nach. Während sich Selenogradsk trotz vieler historischer Gebäude für einen längeren Aufenthalt nicht lohnt, bietet die Stadt Swetlogorsk mit ihrem Strand, der Strandpromenade mit einigen Bernstein- und Imbissständen sowie Nachtleben mit Freisitzen und Livemusik doch einen für die Verhältnisse recht mondänen Charakter. Zum Strand gelangt man über die Steilküste per Fahrstuhl, Seilbahn oder Treppe. Preiswerte Unterkunft in den Badeorten gibt es in den sogenannten Sanatorien. Diese sind zwar offiziell nicht für Ausländer zugelassen. In einem Vier-Augen-Gespräch mit der „Deschurnaja", der Etagenfrau, lassen sich jedoch oft für beide Seiten erträgliche Lösungen finden, die auch den eigenen Geldbeutel erfreuen.
Cranz und Rauschen sind gut mit der Eisenbahn oder mit dem Bus zu erreichen. Mit etwas Schulrussisch ist eine Fahrkarte von Kaliningrad nach Swetlogorsk oft leichter zu lösen, als einen Automaten bei der Deutschen Bahn zu bedienen. Wem dieses Prozedere während des Urlaubs krankhafte Unruhe bereiten könnte, dem empfiehlt sich doch eine

von einem deutschen Ferienveranstalter organisierte Reise.

Abb. Der Neman bei Sowjetsk, Öl auf Leinwand, 2002.

Sowjetsk an der Memel oder Tilsit am Neman

Wer einmal ein Visum für das Kaliningrader Gebiet besitzt, sollte auch einen Abstecher nach Sowjetsk (Tilsit) unternehmen. Für die rund 120 km lange Strecke zwischen Kaliningrad und der Stadt an Neman oder Memel benötigt der Bus- oder Bahnreisende drei Stunden.

Vieles in Sowjetsk erinnert an Tilsit. Bis auf das eigentliche Zentrum mit der Deutschordenskirche, die Ruine nach dem

11

Krieg gesprengt, ist die gründerzeitliche Wohnbebauung weitgehend erhalten geblieben. Zwischen Lenindenkmal und Königin-Luise-Brücke – sie heißt auch auf Russisch so – erstreckt sich die Flaniermeile der Stadt. Zu bewundern altehrwürdige, doch sanierungsbedürftige historistische Fassaden; zu bestaunen, dass eine Miniaturausgabe des sowjetischen Ehrenmales Berlin-Treptow dort in einer Grünfläche steht. Ein anderes, größeres Denkmal zur Erinnerung an den zweiten Weltkrieg trägt die sinngemäße Inschrift: „Nur wenn niemand vergisst, wird nichts vergessen sein." Neueren Datums ist ein Stein, welcher an den Tilsiter Frieden 1807 erinnert, in Russisch, Französisch und Deutsch.

An alten Kirchen ist in Tilsit nicht viel geblieben. Wie überall im Kaliningrader Gebiet verfielen diese oder wurden zweckentfremdet. Ein Fabrikgebäude im Zentrum von Sowjetsk lässt nach längerem Hinsehen Spitzbogenfenster und Strebepfeiler erkennen. Doch nicht wenige der Ruinen verwandelten sich glücklicherweise auch mit deutscher Hilfe in den letzten Jahren in Baustellen.

Ins Memelland nach Litauen
Von Tilsit aus ist die Reise in das ehemalige Memelland, dem östlichsten Teil Ostpreußens empfehlenswert. Im Jahre 1920 zunächst

französisches Mandatsgebiet, 1923 Litauen zugesprochen und bereits wenige Monate vor Ausbruch des zweiten Weltkrieges wieder Deutschland einverleibt, wurde es nach der bedingungslosen Kapitulation der Litauischen Sowjetrepublik zugeschlagen und ist heute demzufolge ein Teil von Litauen. Während die deutsche Bevölkerung des späteren Kaliningrader Gebietes überwiegend bis 1947 ausgewiesen wurde, so konnten einige Memelländer nach dem Kriege in ihrer Heimat verbleiben. In Nida, einem heute litauischen Dorf an der Kurischen Nehrung, findet man noch Grabinschriften in deutscher Sprache aus den siebziger Jahren.

Wichtiger Grenzübergang vom Kaliningrader Gebiet nach Litauen ist die schon erwähnte Königin-Luise-Brücke in Sowjetsk (Tilsit). Der Neman bzw. die Memel trennt aber nicht nur Territorien, er bildet auch schon eine Wohlstandsgrenze. Während in Tilsit in den Haushalten nachts das Wasser abgestellt wird, weil die Wasserwerke insolvent sind, erfreut sich dagegen Litauen eines bescheidenen wirtschaftlichen Aufschwunges.

Die Stadt Klaipèda und die Kurische Nehrung
Wer aufbricht, nur um die Stadt Klaipèda, das frühere Memel, zu sehen, wird enttäuscht. Von der Altstadt blieb nach den Kriegszerstörungen zwar der Straßen-grundriss erhalten, doch historische Gebäude

13

finden sich nur vereinzelt zwischen ausgedehnten Grünflächen. Seit 1989 steht die fotogene Brunnenfigur des Ännchens von Tharau zur Erinnerung an den ostpreußischen Dichter Simon Dach wieder vor dem Theater. Ansonsten reicht ein dreistündiger Aufenthalt, um die Stadt gut erkundet zu wissen.

Abb. Die Wanderdünen von Nida, Öl auf Leinwand, 2003.

Den Höhepunkt einer Reise durch das ehemalige Ostpreußen stellt zweifelsohne die Kurische Nehrung dar. In Klaipèda setzt man mit der Fähre auf diese über. Mit dem Bus geht es weiter Richtung Juodkrantè (Schwarzort) oder bis an die Grenze zur russischen Kaliningrader Enklave. Dort befindet sich der wohl bekannteste und

14

romantischste Ort der Nehrung – Nida (Nidden). Schon der Literaturnobelpreisträger Thomas Mann baute sich hier Ende der zwanziger Jahre ein Häuschen, welches heute ein kleines Museum beherbergt. Obligatorisch ist die Besteigung der bis zu fünfzig Meter hohen Sanddünen von Nida. Von oben ein herrlicher Rundumblick auf das schmale Land zwischen Ostsee und Haff. Die Sanddünen entstanden vor mehreren hundert Jahren durch rigorose Abholzung. Der Raubbau an der Natur rächte sich. Im Laufe der Zeit begruben die Wanderdünen immer wieder Dörfer unter sich. Seit zweihundert Jahren bemüht man sich um die Bepflanzung der Dünen – mit Erfolg. So verringert sich der Anteil der Dünen stetig.

Nida besitzt ein gewisses Flair. In den herausgeputzten Holzhäusern laden Restaurants zum Verweilen ein. Auch gibt es neben dem Thomas-Mann Haus noch zwei kleinere, regionalgeschichtliche Museen. Gut ausgebaute Wander- und Fahrradwege, leider mit etwas mangelhafter Beschilderung, lassen auch an kälteren Tagen keine Langeweile aufkommen. Ob Selbstversorger im Supermarkt oder Restaurantbesucher, ob Hotel- oder Pensionsgast - der Urlaub kann sich dem Geldbeutel angleichen. Neben diesem Stück heile Welt rückte eine gestandene ältere Dame aus unseren Breiten ins Bewusstsein, die sich darüber echauffierte, dass ihre heimische Mineralwassersorte hier in der Ferne nicht zu haben war.

Rückreise

Von Nida gibt es eine tägliche Busverbindung nach Kaliningrad, so dass sich die Reise wieder ihrem Anfang nähert. Die Abfertigung an der russisch- litauischen Grenze ist umständlich, die Beamten sind aber recht gelassen und freundlich. Die Rückfahrt geht über den russischen Teil des Nationalparks Kurische Nehrung und Selenogradsk (Cranz) nach Kaliningrad, von dort aus mit dem Bus nach Westen. Im letzten russischen Ort vor der polnischen Grenze, Mamonowo, fällt ein jüngst wiedererrichtetes Denkmal auf. Die ausschließlich deutsche Inschrift erinnert an die „gefallenen deutschen Helden" des ersten Weltkrieges. Wenige Schritte entfernt steht ein zweites mit russischer Inschrift für die „russischen Helden von 1941 bis 45". Nachdenklich zieht ein ungewöhnliches Stück Russland vorüber, doch ein baldiges Wiedersehen ist schon vorgemerkt.

April 2002
(veröffentlicht im Sächsischen Ärzteblatt 1/2003)

16

Verhaltensregeln im Ausland

Regen peitscht an die Windschutzscheibe. Rote und weiße Lichter schwimmen auf dem Asphalt im Dunkel des frühen Abends. Die Straßen der Mozartstadt sind mit Blechlawinen vollgestopft. Während ich im Zentrum Salzburgs im Auto einschlossen vergebens warte, dass sich der Verkehr trotz grünen Ampellichts vorwärts bewegt, klopft jemand unvermittelt und heftig an das Fenster auf der Beifahrerseite. Eine junge Dame hat sich mit dem Fahrrad zwischen Bordsteinkante und mein Auto gequetscht und fordert freie Fahrt auf ihrem Radweg ein, den ich offensichtlich blockiere: „Jo soagens, kennens bei Ihnen in Deitschland drüben koane Radlwege?" Interessanterweise stehen vor und hinter mir zahlreiche Autos, die ebenfalls die Radwegmarkierung nicht bemerkt haben. Aber ausgerechnet bei mir in der Mitte der Karawane muss die Dame klopfen – weil ich der einzige Nicht-Österreicher in der Schlange bin? Wie am besten antworten?

Antwort Nummer eins: „In Deutschland sind die Radwege aber besser markiert." – Völlig falsche Antwort. Überheblich. Trägt nicht zur Versöhnung bei. Piefke! (Wobei die Markierung wirklich besch…)

Antwort Nummer zwei: „Unsere sächsischen Truppen haben Ihr Land 1683 in Wien vor der türkischen Fremdherrschaft bewahrt. Also seien Sie bitte etwas freundlicher!" – Historisch richtig, aber zu belehrend. Piefke!

Antwort Nummer drei: „Ach, das ist hier wohl schon nicht mehr Deutschland?" Katastrophal falsch! (Man kann sich ja mal verfahren?!)

Antwort Nummer vier: „Entschuldigung, ich hab den Radweg im Regen nicht gesehen." Klingt doch gut. Sagen aber nur Softies. Was Charmantes? Wie wäre es damit: „`S dud mir so leid, scheene Frau. Awr wenn se ma in Leibzsch sin, da därfnse Ihr Fahrrad och ma bei mir offn Audobargblatz abschdelln." Das isses! Mir Sachsen waren schon immer gern bei Euch Österreichern und haben jeden Krieg gegen Preußen gemeinsam verloren. Da dürfen Sie sich auch nicht durch das westdeutsche Kennzeichen meines Mietwagens irritieren lassen!

Dezember 2008
(veröffentlicht im Eulenspiegel 2/09)

Do widzenia in Chicago

Die freundliche Dame am Schalter war sehr neugierig. Woher ich denn meinen Bekannten kenne, den ich hier besuche, wollte sie wissen.

Aus Leipzig, gab ich zur Antwort.

Lei – was?

Ja, Leipzig, die Stadt der großen Montagsdemonstrationen im Herbst 1989.

Nein? Leipzig bei Dresden, äh Frauenkirche.

Nein? Also Leipzig ist eine Stadt südlich von Berlin.

Börlinn?

Ja! Der Stempel krachte auf meine grüne Einreisekarte nieder, ich erhielt meinen Ausweis zurück und durfte passieren. Um 14 Uhr war ich in Kopenhagen in das Flugzeug gestiegen und nun, 17 Uhr – dank der Zeitverschiebung nur ganze drei Stunden später –, stand ich auf dem Flughafen von Chicago.

Die Stadt am Südwestufer des Michigansees hat mit 2,8 Millionen weniger Einwohner als Berlin, doch das Gebiet um die Stadt herum ist dicht besiedelt und – sofern man die Verwaltungsgrenzen und Ortsbezeichnungen nicht würdigt – optisch nicht von den weiter zentral liegenden Stadtteilen zu unterscheiden. In Amerika scheint es keine Raumnot zu geben: Riesig sind die Verkehrsflächen; zig Autobahnen, in ihren Ausprägungen als Highways, Expressways oder *Tollways* – nein,

19

hier fährt man nicht verrückt, es handelt sich um gebührenpflichtige Straßen — durchschneiden die Stadt einem Blutgefäßsystem gleich. Morgens drängen sich die Blechlawinen auf den Wegen ins Zentrum, der Hochhaussilhouette entgegen, abends herrschen umgekehrte Verhältnisse. Oft gibt es Koagel, die den Fluss zum Erliegen bringen und sich dann auf unerklärbare Art und Weise wie von selbst auflösen. Endlose Ketten roter Lichter fädeln sich durch die Abenddämmerung und schmücken die alte Dame Chicago, Jahrgang 1833, wie Ketten aus roter Steinkoralle. Die riesigen pulsierenden Venen und Arterien umschließen dutzende Siedlungen, die von Gewerbegebieten abgelöst werden und diese wieder von der nächsten Siedlung. Trotz der unbeschreiblichen Zahl von 8,7 bis 9,5 Millionen Menschen, die im Großraum der Stadt leben sollen, wirken die Außenbezirke wie eine unendliche Kleinstadt. Fünfzig Kilometer hatten wir vom Flughafen aus zurückgelegt und doch nur freistehende Einfamilienhäuser aus Holz, gelegentlich zweistöckige Reihenhäuser, die bestimmt schon ein Alter von einhundert Jahren vorweisen, sehen können.

Nach einer Dreiviertelstunde Autofahrt erreichten wir unser Domizil für die nächsten Nächte. Verwandtschaft. Hinter einem torartigen Gebilde, allerdings ohne jegliche

Schutzfunktion, eröffnete sich jenseits der Schnellstraße eine Siedlung, die sich treffender als Garten beschreiben lässt. Weite Grasflächen, kleine Straßen, die sich dem leicht hügeligen Landschaftsbild und dessen Kurven und Höhen anpassen statt sie schroff und geradlinig zu zerschneiden, ein Weiher, den zahllose Gänse umlagern, und zwischen betagten Baumriesen in anmutiger Zurückhaltung bunte Farbtupfer von Einfamilienhäusern, im äußeren Erscheinungsbild durchaus fantasievoll gestaltet. Die Begrüßung war herzlich. Die ersten an mich gerichteten Worte – verstand ich nicht! Wie bitte? Bitte etwas langsamer. Danke! Ja, richtig. Der Flug war angenehm. Bald erlaubte ich mir meinen ersten Lapsus. Ich wollte mich im Badezimmer frisch machen und äußerte dagegen, mich zu schminken. Das Haus, das einem ärztlichen Kollegen gehörte, war die Inkarnation eines erfolgreichen Berufslebens: weitläufige repräsentative Räume, zwei Kamine aus Naturstein, mehrere Gästezimmer. Die ersten Oktobertage strahlten noch eine spätsommerliche Wärme aus, und die Frische der kühlen Abendluft sammelte sich unter den altehrwürdigen Baumkronen. Was Wunder, dass es mich im Schlafgemach verlangte, die Fenster zu öffnen. Ein Griff war so leicht nicht zu finden, stattdessen entdeckte ich mehrere Ösen, durch die ein gefedertes Metallteil ging.

Die Komplexität meiner Handgriffe ließ mich zweifeln, ob dies die richtige Methode zum Fensteröffnen wäre. Bald stand das Fenster schief, hing seitlich heraus, wobei sich darunter noch ein offenbar fest eingefasstes zusätzliches Fenster zeigte. Alle Öffnungen des Raumes waren so. Alle Fenster der oberen Etage waren so. Nein, alle Fenster dieses Hauses waren so! Entwaffnet schlief ich ein, während mir ein kühler Lufthauch ins Gesicht pustete. Er kam vom Fußboden aus einer silbernen Metallfassung mit parallelen Schlitzen. So war also das ganze Haus – voll klimatisiert!

Es gibt wohl nur wenige menschliche Siedlungen, die innerhalb eines geschichtlich winzigen Zeitabschnittes durch so viele Kulturen geprägt wurden wie Chicago. Der Name ist indianischen Ursprungs und bedeutet, dass es an diesem Ort streng nach Zwiebel riecht, wofür ich aber in den Auspuffabgasen auf den Schnellstraßen und auch später keinerlei Beweise erbringen konnte. Franzosen drangen Anfang des 19. Jahrhunderts erstmals in das Gebiet der heutigen Stadt vor, später wurde ein Handelsposten gegründet, der immer mehr weiße Siedler anzog. Es waren vor allem irische und deutsche Einwanderer, aber auch Polen, Italiener und Ukrainer. Die deutschen Bewohner der Stadt zettelten 1855 eine Revolte an: Man hatte ihnen verboten, sonntags Bier auszuschenken. Chicago galt um die Jahrhundertwende als die nach Berlin und Hamburg größte deutsche Stadt. Heute benutzen die Polen eine ähnliche Metapher und nennen Chicago die zweitgrößte polnische Stadt hinter Warschau. Anders als die Polen oder Ukrainer sind die Deutschen vollständig assimiliert. Während um 1900 noch zweisprachige Tageszeitungen – deutsch und englisch – erschienen, gab die deutsche Bevölkerungsgruppe in der Folgezeit ihre Nationalität auf. Das deutsche Viertel verschwand, und die deutsche Sprache spielt heute fast keine Rolle mehr. Es waren die Auswirkungen des ersten Weltkrieges, die diese Entwicklung hervorriefen. Als Amerikaner an der Seite Englands war es nicht förderlich, deutsche Wurzeln zu betonen. Was blieb, waren die Namen. Das bekannteste Restaurant im Zentrum heißt Berghoff und offeriert auch heute noch deutsche Küche, zumindest das, was die Amerikaner darunter verstehen. Bratwurst und Sauerkraut sind Begriffe, die jeder kennt, nur dass die Bratwurst längshalbiert inmitten zweier Brötchenhälften mit Sauerkraut dazwischen serviert wird. Kulturen verschmelzen. Übrigens, köstlich das Root Beer, ein alkoholfreies Bier! Erfreulicherweise kennen sich, offenbar ihrer familiären Herkunft wegen, viele Einwohner besser mit europäischer Geographie aus als andere US

Bürger. Auf die Frage „Wo bist du her?"
pflegte ich immer, insbesondere aus
Werbegründen, nur mit „Leipzig" zu
antworten. Man verstand mich! Ein netter
Buchladenbesitzer wünschte mir „ainä guatä
Haimraisee". Aber wie steht es um die
Architektur? Hat sich hier die ethnische
Vielfalt niedergeschlagen? Ich fand in einem
verwahrlosten Vorwort ein Haus mit
deutschen Inschriften.

Abb. Altes Haus in Chicago, Kohle und
Tusche auf Papier, 2009.

Im Giebeldreieck der neoromanischen
Fassade war „Gut Heil" eingemeißelt, die
Toreinfahrt schmückte ein steinernes
„Vorwärts".

Das Haus stand leer und war die einzige Höhendominante in einer langen, durch Abbruchbagger leergeräumten Straße. Doch die Baugerüste und die ersten Sicherungsarbeiten, die das Dach schützten, ließen Hoffnung aufkommen. Hielt hier die Chicagoer Architekturgesellschaft ihre schützende Hand drüber? Trotz der Inschriften wirkte das Haus fremd, gar nicht der deutschen Gründerzeitarchitektur ähnelnd, mit der es ja das Baujahr gemeinsam hat. Auch in den heute noch durch bestimmte Volksgruppen dominierten Stadtbezirken, wie dem polnischen oder ukrainischen Viertel, vermissen wir deren landestypische Architektur. Ohne die polnischen oder kyrillischen Inschriften der Läden gleichen die Straßenzüge jeder anderen amerikanischen Stadt. Nur die polnische katholische und die russisch-orthodoxe Kirche zitieren mit ihren barocken Formen bzw. Zwiebeltürmen die alte Welt. Des Rätsels Lösung ist vielleicht die Tatsache, dass die ethnischen Gruppen ihre Viertel oft gewechselt haben. Wo früher das Herz des polnischen Viertels mit der katholischen Kirche, die zum Glück durch Spenden vor dem Abbruch bewahrt werden konnte, steht, prägen heute Asiaten und Mexikaner das Straßenbild. Die Polen leben jetzt zwei Kilometer weiter entfernt. Die neuen europäischen Einwanderer scheinen immer rascher mit den eigentlichen, englisch sprechenden Amerikanern zu verschmelzen; so sind deren Siedlungen heutzutage in Auflösung begriffen. Dagegen strömen zunehmend des Spanischen Kundige in die Stadt und verleihen so deren Erscheinungsbild neue Impulse.

Architektur hin oder her, wir ließen uns in einem polnischen Selbstbedienungsrestaurant von der reichhaltigen Auswahl an Nationalspeisen verführen. Nur den guten alten polnischen Bigos nannten die Kellnerinnen Sauerkraut! Sie waren genauso hübsch, wie es die polnischen Frauen jenseits des Atlantiks sind. Warum wohl?

Do widzenia.

Dzię kuję . Do widzenia!

Aha. Die Erinnerung an das nette Lächeln verzauberte den Nachmittag.

Es war eine Zigarettenschachtel, die der Architekt, so die Legende, öffnete. Mehrere Zigaretten quetschten sich durch die Öffnung im Silberpapier und blieben in unterschiedlicher Länge stecken. Betrachtet man nun die Schachtel, wenn sie aufrecht steht, ergibt sich ein interessanter architektonischer Massenaufbau: der voluminöse Unterbau der Zigarettenschachtel und die auf einer Seite emporstrebende Höhendominante, letztere wiederum gestaffelt und sich nach oben verjüngend. Die Idee zur Gestaltung des Sears-Towers war geboren, das seinerzeit höchste Bauwerk der Welt schließlich im Jahre 1974 fertiggestellt. Mit 110 Etagen erreicht das Gebäude eine stattliche Höhe von 442 Metern, die Antennen mit gemessen, überschreitet es sogar den halben Kilometer. Natürlich braucht man die Besucherplattform im 103. Stock nicht zu Fuß erklimmen. Dafür gibt es den schnellsten Fahrstuhl der Welt, der den Höhenunterschied in einer exakten Dreiviertelminute bewältigt. Die Amerikaner lieben den Superlativ. Das schrieb schon Erich Maria Remarque in seinem letzten Roman. Da den zappelnden, Kaugummi-kauenden, erlebnisorientierten Besuchern während der Fahrstuhlfahrt nicht zugemutet werden kann, unbeschäftigt zu sein, entflammt buchstäblich ein großformatiger Bildschirm einen Film abspulend, der mit einer Lautstärke, der sich kein Ohr entziehen, keine Willensanstrengung verleugnen kann, eine Mischung aus Information und Werbung von sich gibt. Hier wird eingehend die Frage erörtert, ob die malaiischen Petronas-Türme höher, die Antennen ausschlaggebend sind oder nicht.

Unvergesslich ist die Zeit des Sonnen-untergangs. Lange bevor die Leuchtreklamen der Stadt angehen, bilden zweifarbige Bänder aus weißen und roten Lichtern ein Netz, das sich über die Stadt legt. Der Michigansee tauscht seine graublaue Farbe in ein leuchtendes Cölinblau ein, welches in ein tiefes unendliches Dunkelblau übergeht, auf dem nur noch einige Lichtpünktchen die Weite des Süßwassermeeres erahnen lassen. Inzwischen sind aus Hochhäusern vertikale Lichterketten geworden, die den Blick auf die Spielzeugautos in den Straßenschluchten lenken. Eine Modelleisenbahn schwebt über das exakte rechtwinklige Straßenraster hinweg. Das ohrenbetäubende Dröhnen, Quietschen und Rumpeln der Hochbahn, das seit über einhundert Jahren ein akustischer Bestandteil der stets lärmenden Stadt ist, hört man im verglasten Aussichtsdeck nicht. Man sieht auch nicht die Lebenskünstler in den U-Bahnhöfen, die sich mit kurzen künstlerischen Darbietungen ein paar Dollarscheine verdienen. Von soweit oben bleibt auch unerkannt, dass das Verkehrssystem der Stadt zweigeteilt ist. Ich meine nicht Bus und Bahn, sondern schwarz und weiß. Der Individualverkehr der PKWs ist nur den einkommensstärkeren Schichten möglich, während Bus, U-Bahn und die Hochbahn, von den Chicagoern liebevoll „El" als Abkürzung von „elevated train" genannt, meist den ärmeren Bevölkerungsteilen zum Fortkommen dienen. Zu den Ärmeren zählen vor allem die Afroamerikaner.

Sie haben ein niedliches Baby, sagte mein Bekannter zu einer hübschen Dame, deren knallrote Lippen vor dem Hintergrund ihres schokoladenfarbenen Gesichts ein charmantes Lächeln freigaben. Traurig stimmte nur, dass die Frau, die ihren kleinen Sohn im Gedränge der U-Bahn auf dem Schoß hatte, sich offenbar keinen Zahnarzt hatte leisten können, was dem lückenhaften Lächeln einen Hauch Wehmut verlieh. Auch beider Kleidung verriet, dass sie nicht auf der Sonnenseite des Michigansees lebten. Trotz aller materiellen Unterschiede sind die Menschen sehr kommunikativ. Das lockere, entspannte Auftreten lässt irrtümlicherweise auf ein sorgefreies Leben schließen.

Tätätätääh! Mit Beethovens nach-empfundenem Auftakt zur fünften Sinfonie stimmte der Zeitungsverkäufer die an der roten Ampel Wartenden auf seinen die Gazette lobpreisenden Redeschwall ein. Und immer wieder dieses nervige Tätätätääh, mit dem er die Aufmerksamkeit suchte und auch fand. Möglichweise war die zu lange Ampelphase der Grund, weshalb ich nicht gerade mein Sonntagsgesicht aufgesetzt hatte, als ich nach Überquerung der Straße die Treppenanlage des Kunstmuseums erreichte. Das fiel einem umtriebigen Prospekteverteiler auf, der sich nach meinem Befinden erkundigte und ohne die Antwort abzuwarten mich mit einem breitgezogenen Grinsen zum Lächeln aufforderte. Ich lächelte.

Einige Tage später stand das dritthöchste Gebäude auf dem Plan – das Hancock-Gebäude. Eingedeutscht müsste es Wilhelm-Gebäude heißen. Seinen Hancock unter etwas setzen, das heißt etwas unterschreiben, ist die amerikanische Entsprechung für unseren Wilhelm, den man druntersetzt. Das Hochhaus steht nicht weit vom Uferbereich des Michigansees entfernt. So ist der Blick auf dessen nördliche Küstenlinie unverbaut. Im Südosten tanzen die Hochhäuser um den Sears-Tower. Für mich war der Eingangsbereich schwer zu finden. Ich näherte mich einer großen Tafel und las: observatory. Aber in die Sternwarte wollte ich keinesfalls! Mein Reiseführer, der mich sonst stets in falsche Richtungen schickte und kurze Strecken zu lang und lange zu kurz angab, enttäuschte mich hier nicht, sondern ermutigte mich, „observatory" als Observatorium zu lesen und schlussendlich die Eintrittskarte zu lösen.

Hochhäuser haben in Chicago eine besondere Bedeutung. Jeder Fremdenführer fragt seine Gäste, wo denn der Geburtsort der Wolkenkratzer sei: New York oder Chicago? An dieser Stelle sollte man antworten: Chicago. Und so will es auch die engagierte Architektur-Gesellschaft der Stadt, die den Großteil der Stadtführungen durch ehrenamtliche Mitarbeiter abdeckt, verstanden wissen. Die ersten Wolkenkratzer der USA entstanden also hier. Zahlreiche Meilensteine der Architekturgeschichte laden zum Kennenlernen ein.

Er war der Seniorchef eines großen Krankenhauses der Stadt. Sein Name nur ein Kürzel, vielleicht früher ein Kosename, heute kennt man ihn nur unter diesem Pseudonym. Sein Leben ist ein amerikanischer Traum. Vom Journalisten, durch manche Zeitung in Zeiten der Rezession vor die Tür gesetzt, zum Unternehmensführer aufgestiegen. Aus dem stämmigen Leib schauten zwei listige, funkelnde Augen hervor, die in der Lage waren, eines jeden Gedankengänge schon dann zu durchschauen, wenn sie einem noch gar nicht bewusst waren. Tief sank ich in das voluminöse Sofa ein, so dass es mich einige sportliche Überwindung kostete, den Rumpf ohne Abstützen nach vornüber zu beugen, um an die köstlichen Kekse zu gelangen, die die Dame des Hauses auf dem Couchtisch platziert hatte. Der tiefe Bass seiner Stimme und die ruhige, langsame, bedächtige, aber keineswegs ermüdende Erzählweise, von Pointen gewürzt, bildete den Höhepunkt meiner Fremdsprachenerfahrungen: Ich verstand alles! Wir plauderten, nein, er plauderte über sich: „Da war einmal seine zehnjährige Enkelin zu Besuch. Liebling, wir gehen jetzt in ein Spielzeuggeschäft, und du kannst dir alles kaufen, was du nur willst. Tja, und da kamen wir vorüber an einem Schuhgeschäft. Sie sah ein paar Schuhe, die mit Diamanten besetzt waren. Opa, sagte sie, genau die will ich. Oh ich dachte, die sind aber teuer, wirklich! Und ich sagte: Ja, aber du bist doch noch zu klein für diese Schuhe, gehen wir zum Spielzeuggeschäft. Aber sie antwortete: Opa, du weißt doch – ich wachse noch! Ha! Raffiniert, die Kleine! Was sollte ich tun? So ich kaufte ihr die Diamantenschuhe."

Zum Abschied stand ein gemeinsames Abendessen auf dem Programm. Es sei ganz in der Nähe in einem Restaurant, nur zwanzig Minuten entfernt. Ich freute mich auf einen Spaziergang durch das gediegene Vorstadtviertel. Ach so, zwanzig Minuten mit dem Auto! Beim Essen plauderte er von diversen deutschen Managern weltbekannter Firmen, die einst bei ihm in freundschaftlicher Zuneigung auf der Couch saßen. Vielleicht hinterließ so mancher, von dem ich in der Zeitung jüngst über Steuerhinterziehung las, just an der Stelle auf der weichen Polstergarnitur einen vorübergehenden Eindruck, die auch ich für wenige köstliche Minuten einnehmen durfte. Zudem ließ mich der Seniorchef von den polnischen Wurzeln seiner Vorfahren wissen, und dass er sich daher für Polen und die polnische Sprache interessierte. Als er mir wünschte, mich an meinem Essen zu erfreuen, wie man dort so sagt, entgegnete ich ein zackiges Smacznego!

So gewann ich sein Herz, bevor die fortgeschrittene Stunde zum Aufbruch mahnte.

Der Bericht wäre unvollständig, würden nicht die fast durchweg afroamerikanischen Busfahrer der Stadt an dieser Stelle Erwähnung finden. Des Lobes wegen. Ihr seid die freundlichsten der Welt! Zumindest habe ich für diese euphorische Einschätzung nur meine Heimatstadt Leipzig zum Vergleich; Berlin ist ja gar nicht der Aufzeichnung wert! Da läuft man beherzten Schrittes der sich gerade schließenden Tür entgegen – noch einmal Öffnen kommt nicht in Frage, der Bus fährt an. Oder man erlaube sich, beim Fahrer eine Fahrkarte zu kaufen, womöglich noch mit einem großen Geldschein, dass er wechseln muss... Nicht so in Chicago! Hier öffnet man mehrfach die Türen, machen sich Leute auf dem Bürgersteig noch durch Winken bemerkbar. Und sollte es nur eine Frage nach der Fahrtrichtung, die man durch die offenen Fahrertür stellt, gewesen sein, alles geht mit Ruhe und Freundlichkeit von sich. Auch während der Fahrt hat man ein offenes Ohr für ortsunkundige Touristen. Als ich mit meinem Bekannten ausstieg, das Field-Museum zu besuchen, liefen wir an einer Unterführung vorbei. Der Bus, dem wir gerade entstiegen waren, bremste und hupte, die Busfahrerin öffnete die Tür und empfahl,

doch diese Unterführung zum Museums-
gebäude zu benutzen, es sei der schnellste
Weg.

Kurz vor dem Ende meines Aufenthaltes
hatte ich die Gelegenheit, in der Universität
Vorlesungen zu besuchen. Meine
Wiedersehensfreude war überschwänglich.
Nicht, dass ich einige Personen dort gekannt
hatte, aber bestimmte Bewegungsrituale, die
sich in den letzten Jahren auf Kongressen in
Deutschland und bei Bundestagsrednern
breitmachten, fand ich plötzlich tausende
Kilometer entfernt wieder: Während ich als
Kind lernte, nimm die Hände aus den
Taschen, wenn du mit jemanden sprichst,
heißt es jetzt: Hände rein in die Taschen, tief
rein! Mit wippenden Oberkörper und weit
unterhalb der Gürtellinie vergrabenen Händen
erinnerte mich der Referent an unseren neuen
Wirtschaftsminister. Die Anzughose darf aber
nicht zu eng sein, denn im rechten Moment
muss man zumindest eine Hand mal wieder
herausziehen können, um zu gestikulieren
oder bedeutungsvoll die Brille abzunehmen,
selbige in Kopfhöhe durch den Raum reisen
lassen. Nun wusste ich, wo die merkwürdigen
motorischen Schablonen, die Deutschland
befallen, ihren Ursprung haben. Alles
Mögliche weht über den großen Teich, die
Freundlichkeit der Busfahrer leider nicht!

Februar 2009

Böhmische Küche

Die Tafel ist lang. Sämtliche Familien-
mitglieder haben sich versammelt, um den
Gast von der anderen Seite des Atlantiks zu
begutachten. Chicago ist eine multikulturelle
Stadt, in der viele Einwanderer trotz mehrerer
Generationen Aufenthalt ihre ethnische
Zugehörigkeit bewahrt haben. Das schlägt
sich nicht zuletzt an der Vielfältigkeit der
Restaurants nieder. Das Böhmische soll
besonders schmackhafte Speisen anbieten. Es
liegt unweit des Hauses meiner Bekannten.
Unweit, das heißt nur zwanzig Minuten
entfernt. Zwanzig Minuten mit dem Auto.
Über den Express-Way, eine Autobahn.
Zahlreiche Bilder mit Prager Ansichten
schmücken das Restaurant. Die Tische sind
exakt geradlinig ausgerichtet. Man isst in Reih
und Glied. Auch sämtliche Türen sind
praktisch. Es gibt keine Klinken, nur einen
Knauf oder Drücker, oder man stemmt sich
gegen eine mit „push" bezeichnete glatte
Metallfläche; die Türen fallen automatisch
wieder ins Schloss. Auffällig ist, dass man sich
nur selten per Handschlag begrüßt. Einen
solchen ist man erst in der Lage nach
eingehender Bekanntschaft und Sympathie zu
erhalten. Gebe ich jemanden die Hand, ist das
somit ein Ausdruck besonderer
Wertschätzung. Alle Gäste loben die
vielfältigen „böhmischen" Speisen. Es gibt

Hamburger, Spaghetti, Bratwurst. Bratwurst und Sauerkraut, vielmehr Brädwu'ahst änd Souä'kraat, halten meine Bekannten für gute angloamerikanische Küche und alte englische Wörter. Ich bestelle mir schließlich polish sausage, was bei uns einer Krakauer Wurst entspricht, mit dumplings, den Knödeln, und dazu Souä'kraat. Die Bestellung geht schnell und zackig, Speisen und Getränke zusammen. Kaum gewählt, sind die Getränke bereits geliefert. Rasch folgen dann auch die ersten Speisen. Obwohl es sich um ein Restaurant gehobener Klasse handelt, achtet niemand darauf, das Essen allen Gästen gleichzeitig zu servieren. Das scheint wohl auch gar nicht wichtig zu sein, denn wer zuerst den Teller vor der Nase hat, fängt einfach an mit speisen. Den Wunsch eines guten Appetits äußert niemand. Als ich den Anwesenden wünsche, so wie es heißt, sich an der Speise zu erfreuen, löst dies eine große Aufmerksamkeit und Dankbarkeit auf. Offensichtlich stellt diese Floskel eine große Wertschätzung und Förmlichkeit dar und ist deshalb im Umgang im Bekannten- und Verwandtenkreis kaum üblich. Inzwischen kauen die einen die letzten Bissen, man isst und ist hier im Allgemeinen sehr schnell, da erscheint meine Krakauer mit Böhmischen Knödeln und Sauerkraut. Von der Dreigestalt der Speise wandern meine Gedanken zum Dreiländereck:

Eine Region im Elbsandsteingebirge, dort Böhmische Schweiz genannt, an der Grenze zu Deutschland und nicht weit entfernt von Polen. Der Wirt, bei dem ich einst übernachtete, war sehr nett, sprach leider nur gebrochen Deutsch, während ich mich nicht einmal gebrochen Tschechisch äußern konnte. Trotzdem war das Interesse am verbalen Austausch groß. So wollte ich auf Tschechisch danke sagen, frug danach und erhielt als Antwort „dêkuij." Ah, klingt wie „tsche kuje". Stolz entflammte ich am europäischen Gedanken und bemühte mich mitzuteilen, dass „tsche kuje" auf Ukrainisch auch danke heißt und im Polnischen ebenso. Nein, unterbrach mich der Wirt mit verfinsterter Mine, das polnische Dzię kuję und die tschechische Wendung hätten nichts, aber auch gar nichts gemein! Seine Abneigung gegen die polnischen Nachbarn unterstrichen Antlitz und Gestik, so dass mir das „Aber" in der Kehle stecken blieb, welches dann nur ein Frischgezapftes aus Tschechien mit dem weltbekannten deutschen Namen wieder herunterspülen konnte.

Mein Blick geht zurück auf meinen Teller. Wie friedlich liegen hier die polnische Wurst, die tschechischen Knödel und das deutsche Sauerkraut nebeneinander. Mein Teller – ein Dreiländereck! Wo, wenn nicht hier in diesem Böhmischen Restaurant in einem Vorort von

Chicago wird der europäische Gedanke wahrhaftig gelebt!

Inzwischen bleibe nur ich übrig, der noch Wurst und Knödel stopft, während zwei Kellner erscheinen und Polystyrolschachteln verteilen – massenweise! Niemand ist sich zu fein, die noch brauchbaren, noch ästhetisch platzierten Speisereste der Kunststoffbox zu Aufbewahrung und Heimtransport anzuvertrauen. Alles geht mit Hast vor sich. Wer die Box nicht sofort ergreift, geht buchstäblich leer aus, denn die Kellner kommen erneut, diesmal mit einem großen Servierwagen und räumen ohne zu zögern die Tische ab. Auch hier ist alles bis ins Detail ökonomisiert. Geschirr, Speisereste und Servietten landen zusammen in einer Kunststoffwanne, die auf dem Servierwagen angebracht ist. Mit dem Wägelchen, auf dem sich die Reste unseres geselligen Beisammenseins auftürmen, umkreist der Kellner den Tisch. Zur rechten Zeit verschwindet das letzte Stück Krakauer in meinem Mund, da fragt mich schon der Kellner freundlich aber bestimmt, ob ich des Tellers entbehren kann. Unmittelbar darauf springt die Tischgesellschaft auf, nachdem jeder Dollarscheine auf den Tisch gelegt hat, die bald ein kleines Häufchen bilden. Andere haben das Restaurant bereits verlassen. Der Abschied findet fünfundvierzig Minuten nach dem Platznehmen am Tisch auf dem Parkplatz statt. Nein, falsch! Vierundvierzig.

Februar 2009

Gyros schmeckt! Eine Reise in die Türkei

Am Horizont reihen sich Bergketten aneinander. Das Braun der Felsformationen spiegelt in seinen diversen Schattierungen die zerfranste Wolkendecke wider. Haufenwolken türmen sich vor dem strahlend blauen Himmel auf, bilden eine majestätische Kulisse, die den Blick unwillkürlich in die Ferne zieht. Wie klein wirkt unter dieser Gewalt aus Wasserdampf das langgestreckte Tal, das die Berge einfassen! Eine Mischung aus grünen und erdfarbenen Pastelltönen, hier und da von Sonnenstrahlen durchflutet. Unheimlich ist die absolute Stille. Wie ich auch hineinlausche in die tiefe Landschaft - es ist nichts aber auch gar nichts zu vernehmen. Wozu soll sie lärmen, auf sich aufmerksam machen - diese erhabene Natur? Nur ein kalter Lufthauch, der das Aufziehen einer Wolke ankündigt, scheint ihre einzig wahrnehmbare Regung zu sein. Als vor zweihundert Jahren die Romantiker Gott in der Natur suchten, hier wären sie fündig geworden! Es ist nicht das Naturerlebnis alleine, wodurch sich das Gefühl einer inneren Vollkommenheit, einer Nichtigkeit der Alltagsbelange einstellt; unabdingbar gehört der Gang durch die Ruinen von Seleukia dazu, von deren Rand aus sich das großartige Panorama eröffnet. Mögen Ruinen als Metapher für Verfall und Vergänglichkeit dienen, an diesem Ort, auf der Bergkuppe hier, lassen sie den Besucher im Angesicht der Ewigkeit, die sie offenbaren, erschaudern. Ferne Bergketten, trutzige Steinquader - unendliche Zeit! Mit der Kamera bewaffnet im Schnellschritt die Reste von Tempel, Basilika und Agora ablichten, kann das Einprägsame einer einsamen kontemplativen Viertelstunde niemals ersetzen. Ich möchte meinen, es war das schönste Erlebnis dieser Reise. Schön nicht allein im ästhetischen sondern im Sinne einer verinnerlichten Erfahrung. Deshalb steht die Fahrt nach Seleukia am Anfang dieses Reiseberichts.

Alte Schriften deuten darauf hin, dass bei der Gründung dieser Siedlung vor 2300 Jahren anatolische Völker den Flecken Lyrbe nannten. Der türkische Nationalstolz nahm die Entdeckung dankend an: Die Wegweiser weisen Lyrbe aus, manchmal ergänzt durch eine kleine Schrift mit der in griechisch-römischer Tradition stehenden Bezeichnung Seleukia.

„Hallo, Sie sind doch aus dem Hotel… Aus welchem Hotel sind Sie gleich?"

„Sayanora."

„Ja, genau Sayanora! Kommen Sie, alles ganz billig. Taschen. Frau…"

„Nein, wir möchten nichts kaufen."

„Nur schauen. Schauen. Kommen Sie."

„Nein danke! Vielleicht später."

„Gut, später…"

Die deutsche Sprache ist ein Fluch. Ein Bummel durch die Geschäfte der Altstadt von Side, die durchaus interessant sind, wurde so zu einem Spießrutenlauf. Kaum bewegen wir uns an einem Laden vorbei, tritt sofort der Besitzer vor die Tür und preist seine Waren an. Man kann ihm nur durch unhöfliches Weiterlaufen entkommen, wobei das befreiende Gefühl just durch die Erscheinung des nächsten Händlers zunichte gemacht wird. Es ist verblüffend. Alle sprechen Deutsch – und die meisten gut, fast akzentfrei. Genauso wie wir aus Sachsen - nur dass wir kein Türkisch sprachen. Warum also nicht ein paar Floskeln Türkisch lernen? Eine Sprache, zu der wir bislang keinerlei Bezug hatten, deren Worte sich nicht aus dem Lateinischen oder Griechischen ableiten lassen im Gegensatz zu den Möglichkeiten, die zum Beispiel der des Spanischen Unkundige hat, wenn er etwas von Etymologie versteht. Hier war nichts zu machen. Tekrar görüsmek üzere heißt so etwas wie Auf Wiedersehen. Wobei der Reiseführer nicht angab, warum die Türken hier drei Worte brauchen. Vielleicht: Auf wieder Sehen? Zum Lernen fand sich dann in gehobener Stimmungslage nach drei Gläsern Rotwein – zweieinhalb für mich, der Rest bereits ausreichend für meine Bekannte – eine Eselsbrücke: Traktor. Gyros schmeckt. Dass ich einen Onkel namens Günter habe, kam

uns bei der Begrüßung zu Hilfe. Iyi Günter –
nein Iyi Günler! In dieser Art lernten wir
Türkisch. …

„Hallo, kommen Sie herein, alles billig. Frau.
Gucken."

(Der kommt uns bekannt vor.)

„Tesekkür – Danke, nein"

„Aber Sie wollten doch *später*
wiederkommen!"

(ertappt, aber trotzdem weitergelaufen)

Die Temperaturanzeige im Auto sinkt aller
Viertelstunde. Bei achtzehn Grad Celsius
begannen wir unseren Ausflug, in den
Serpentinen der Bergwelt erreichen wir sieben.
Eine Bäuerin winkt nett; wir halten unseren
Mietwagen an und nehmen die Dame mit. Ein
Duft nach Kaminholz breitet sich im Auto
aus, ein Geruch, den wir gleich erneut
kennenlernen sollten. Wir waren auf dem Weg
in das rund eintausend Meter über dem
Meeresspiegel gelegene Selge. Einst eine
antike Stadt mit 20000 Einwohnern, heute ein
romantisches Dorf inmitten einer urigen
Landschaft. Wilde poröse Felsformationen
formen abwechslungsreiche Bergkuppen,
dazwischen Terrassen und kleine dunkelgrüne
Felder, getrennt durch wenige Baumgruppen.
Der zentrale Teil des Ortes erinnert vom
Relief her an eine Senke, an deren einen Rand
sich ein pompöser Steinhaufen auftürmt. Bei
genauerem Hinsehen erkennt man hinter den

durcheinander gewürfelten Quadern eine Rotunde mit Stufen und steinernen Sitzen. Ein römisches Theater! Als wir eine freundliche Frau, die uns entgegenkommt, nach einer Parkmöglichkeit für unseren Mietwagen fragen, dürfen wir vor ihrem kleinen Café halten. Die Kälte, die im Nu die leichten Sommersachen überwindet und sich unserer fröstelnd bemächtigt, hat bislang offenbar Touristen von einem Besuch dieser Gegend abgehalten. Wir sind zumindest die einzigen Nicht-Einheimischen. Das kleine Café hat geöffnet und wiederum auch nicht — die Tür steht offen, aber einen regulären Verkauf gibt es nicht. Wir fragen nach einem Tee, nicht irgendeinen, sondern den bittersüßen, würzigen türkischen Chai. Die Dame führt uns in die gute Stube ihres Hauses, geschätzte zehn Quadratmeter. In der Mitte des durchweg mit Teppichen ausgelegten Raumes böllert ein altertümlicher Ofen, auf dem sich eine Teekanne wärmt. Brennholzduft verbreitet heimelige Atmosphäre. Während die nette Frau den Tee zubereitet, macht sich die ebenfalls anwesende Großmutter bemerkbar. Freundlich radebrechen wir Guten Tag, danke, Side, Hotel, Tourist auf Türkisch und Schulterzucken mit einem gemurmelten Nicht-Verstehen auf Deutsch. Die Dame des Hauses übersetzt das Kopfschmerzleid der Großmutter aus deren Gesten in ein gutes

Deutsch. Ihr Sohn lebe in Frankfurt; Main setzten wir voraus. Woher wir seien? Ute gibt als Antwort, dass sie aus Leipzig komme – ach so, noch nie gehört, na ja bei Berlin, nur hundertfünfzig Kilometer südlich davon - und dass dort, in jenem Leipzig, ihr Mann wäre. Das Gesicht der Dame drückt wie bei Sprachverständnisschwierigkeiten oder einem Übersetzungsfehler wohlwollendes Unverständnis aus, dann mustert sie mich: Und wer sind Sie? Nachdem ich meinen Status als Freund kurz dargelegt habe, lässt sie nachdenklich von weiteren Fragen ab, verlässt den Raum und zeigt uns aufdringlich selbstgefertigte Ketten und Tischdecken. Statt zu kaufen, trinken wir noch einen Chai und verabschieden uns freundlich, nicht ohne uns in finanzieller Hinsicht erkenntlich zu zeigen. So und ähnlich haben wir oft die Gastfreundschaft erlebt. Sie ist offen und herzlich, aber völlig anders als zum Beispiel in Polen oder Russland dem Fremden gegenüber stets merkantil ausgerichtet. Der Eintritt in die Kälte nach dem Verlassen des überhitzten Raumes kommt einem Saunaerlebnis gleich. Im Eilschritt nähern wir uns dem Theater. Eine andere Großmutter hat uns bemerkt, redet mit einem übergroßen Holzlöffel bewaffnet auf uns ein, den sie verkaufen möchte. Wir sagen sicherheitshalber „Tesekkür - Danke" und erreichen das Theater, als uns ein junger Mann in fließendem Deutsch seinen Sohn für eine Führung durch das Theater empfiehlt. Tesekkür! Wir erklimmen die Sitzreihen und sind allein. Die winterlichen Temperaturen und der peitschende feuchte Wind verleihen den grauen Ruinen etwas Raues und Trotziges. Bemerkenswert ist die handwerkliche Qualität der erhaltenen Teile der Außenmauern. Die Fugen der riesigen Konglomeratsteinblöcke sind so exakt gearbeitet, dass sich nicht einmal ein Blatt Papier zwischen die Steine schieben lässt. Heute, nach zweitausend Jahren! Kopfschüttelnd denke ich an die Fußbodenplatten in der Grimmaischen Straße, die erst vor wenigen Monaten verlegt wurden… Peitschender Sturm und tiefblaue Wolken zwingen uns zum Abschied von Selge.

Die Gedanken an das kommende prächtige Buffet der preiswert gebuchten Halbpension verkürzen die serpentinenreiche Fahrt; die ursprüngliche Landschaft, die wir zum zweiten Mal in uns aufnehmen, umrahmt die Erlebnisse des Tages wie ein edles Passepartout. Auffallend ist, dass fast in sämtlichen Dörfern und Kleinstädten, die wir passieren, neue Moscheen im Bau begriffen sind, oft aufwendig und ob ihrer Größe das Stadtbild mit Stolz dominierend. Es sind Gelder aus Saudi-Arabien, die sich hier in baulichen Missionierungseifer verwandeln. Bleibt die vage Hoffnung, dass die antiken Überbleibsel, in jedem Ort zu finden, den religiösen Führern die multikulturelle Vergangenheit ihres Landes vor Augen führen und die Toleranz der Weltanschauungen, die den Islam in Zeiten des großen Omar Chajjam oder eines Hafis zum Träger kultureller Entwicklung emporhob, zur Basis ihres Handelns machen.

Abb. Selge, Öl auf Leinwand, 2018.

Rhythmische Musik ertönt aus diversen Lautsprecherwagen, Lieder vermischen sich, verschmelzen zu einem Brei aus Lärm. Rote und blaue Wimpel schmücken die Straßen der

Stadt. Plakate mit den Kandidaten der Kommunalwahl säumen Mauern und Laternenpfähle. Durchweg handelt es sich um Herren, die zudem meist unfreundlich in das Gewimmel der Straßen und das Chaos des Verkehrs dreinschauen, allenfalls mal verbissen lächeln. Die Gesten sind so uniform wie ihre Kleidung. Da reckt sich eine geballte Faust dynamisch in das Weiß des Plakates, dort hält eine Rechte gestikulierend in Brusthöhe inne, während die Linke tief in der Hosentasche argwöhnischen Blicken verborgen bleibt. Drumherum ein weißes Hemd, Hemdsärmel aufgeknöpft und hochgekrempelt, dazu eine dunkle Krawatte. Ich kenne die Weise, ich kenne den Text... Dieselben Schablonen, die gleiche Schauspielschule! Nun weiß ich, warum ihr hier alle so gut deutsch sprecht!

Mitten unter einem Fahnendach heißt es rechts abbiegen. Nach mehreren Kurven führt uns eine breite Straße wenige Minuten später zum Kusunlu-Wasserfall. *Ein* Wasserfall wäre untertrieben. Es sind mehrere Kaskaden, die der Fluss benötigt, um in der tiefen Schlucht, die mit ihren Felsformationen an das Elbsandsteingebirge erinnert, zur Ruhe zu kommen. Oberhalb lassen verwaiste Sitzgruppen und Feuerstellen erahnen, dass diese romantische Ecke die Einwohner des nahe gelegenen Antalyas genauso begeistert wie uns. Fast 800 000 Menschen wohnen in dieser Stadt. Dazu kommt die hochsommerliche Invasion der Touristen. Nicht auszudenken, wie sich hier im Sommer Autokolonnen stauen, Touristenbusse ihre Fracht für eine halbe Stunde entladen, Plasteflaschen und Bierdosen ihr Ende im Flusstal finden. Schwitzende, fressende, fotografierende, lärmende, filmende, die Natur vermüllende Massen! Doch Ende Februar lag über der einzigartigen Landschaft noch die trügerische Ruhe der Vorsaison. Ute und ich streiften durch die Büsche oberhalb des Tales. Die zerfallenden Abfallprodukte menschlicher Vernunft wurden weniger, je weiter wir uns entfernten. Es wurde still, und nur der Wind verfing sich in den Pinien, auf ihren Zweigen musizierend wie auf einem Kamm. Da war es wieder, dieses glückselige Erlebnis innerer Ausgeglichenheit! Plötzlich ließ uns Hundegebell erschrecken. Hoch waren die Stimmchen und klangen zart. Zwei Welpen echauffierten sich lauthals über den unangekündigten Besuch. Wir hielten Abstand, versuchten bald, sie zu locken. Doch klappernder Autoschlüssel oder klickende, surrende Kamera konnten nur kurzzeitig der Neugier gegenüber dem Misstrauen zum Sieg verhelfen. Nach einer Stunde hatten sie sich an uns gewöhnt, der Damm war sprichwörtlich gebrochen, und in eines jeden Arm lag ein weiches Fellknäuel zum

Streicheln. Umso länger zog sich dann der Abschied hin. Wie werden unsere kleinen Weggefährten künftig aufwachsen? Eine an den Menschen gebundene und von ihm gezüchtete Rasse, doch von diesem herzlos verstoßen und ausgesetzt!

In einem Getreidefeld sitzt ein nettes blondes Mädchen und lächelt schüchtern. Für Kwas, das Nationalgetränk der Russen, wird hier auf einem überdimensionalen Plakat geworben. Die Anzeigetafel über dem Schalter in der Abflughalle ändert im Rhythmus ihre Schrift. Leipzig steht nun in kyrillischen Buchstaben geschrieben. Es ist drei Uhr nachts, in der Heimat erst zwei Uhr, und die dumpfe Müdigkeit erzeugt ein Gefühl entrückter Wirklichkeit. Viele Kulturen haben einst auf dem Boden der Türkei gesiedelt; die Werbebotschaften verraten, welche Völker heutzutage scharenweise in das Land einfallen, um es alsbald lärmend aber friedlich wieder zu verlassen. Ausgeglichenheit und Genügsamkeit sind den Gedanken an die kommende Arbeitswoche gewichen. Zurück bleibt ein quirliges, freundliches und geschäftstüchtiges Volk, eine Landschaft voller Zauber, aber auch viel Nachdenken: Die qualvoll verendete, ölverschmierte Schildkröte am Badestrand, die schwarzen, klebrigen Tropfen im Sand, der allgegenwärtige Müll und die Betonburgen, die

Antalya längst der idyllischen Felsenküste beraubt und sich aufgemacht haben, jenseits des Molochs noch das letzte unbebaute Fleckchen zu überwuchern. Über achtzig Prozent der gesamten Mittelmeerküste sollen bereits zugebaut sein. Und auch wenn das Meer die ihm angetane Gewalt regelmäßig zu erbrechen versucht – Hausmüll, Bauschutt, Öl, verendete Tiere – aber der jahreszeitlich bedingte Mangel an Touristen noch nicht die oberflächlichen Verschönerungsmaßnahmen ausgelöst hat, so erfährt die kontemplative Stunde auf dem Hochplateau von Seleukia hier ihre Sinngebung: Sich engagieren, dass die Faszination unser aller Natur auch künftigen Generationen erhalten bleibt.

März 2009

Nach Szczebrzeszyn muss man den Schaffner nicht unbedingt fragen...

...denn selbst die Polen nennen dieses Wort einen Zungenbrecher. Wir haben Glück, wollen gar nicht nach Sschtsch...

Hetman, soviel wie die Bezeichnung eines Heerführers im ehemaligen Königreich Polen, nennt sich der Intercity bezeichnete Zug, der in Tarnobrzeg das Weichselufer verlässt und sich im Schritttempo der Stadt Stalowa Wola nähert. Dort war bereits Ende der dreißiger Jahre ein Stahlwerk errichtet worden, in dessen Umkreis die Siedlungen aus der eintönigen flachen Landschaft einst emporschossen. Das Stahlwerk sei inzwischen zu, erzählten Mitreisende, die Leute arbeitslos oder weggezogen – wie Hohn klingt da die Ortsbezeichnung Stalowa Wola – stählerner Wille. Das Humpeln des Hetmans auf den gebrechlichen Gleisen ist weit entfernt vom zackigen Schritt eines Heerführers; es erinnert vielmehr an einen verwundeten Fußsoldaten. Die polnische Eisenbahn hat von ihrem westlichen Nachbarn viel gelernt, viel zu viel. Markige Bezeichnungen, flotte Sprüche bei übervollen Zügen und Warteschlangen. Die 318 Kilometer von Krakau nach Zamoś ć bewältigen wir in sieben Stunden. Das lange Warten entschädigt die Schönheit der Stadt. Jan Zamoyski, Kanzler und Großhetman des Polnischen Königreichs, gründete sie 1580 auf der grünen Wiese. Sein Hofarchitekt, Bernardo Morando, aus dem italienischen Padua nach Polen gekommen, entwarf hier die ideale Stadt, einem menschlichen Körper vergleichbar. Das Schloss als Kopf, dann das Herz in Form von Rathaus und Kathedrale, gefolgt von den Laubenganghäusern mit dutzenden Läden und Geschäften – der Bauch von Zamoś ć. Wehrhaft umschließen die Gliedmaßen die Stadt – mächtige Tore und Mauern auf Wallanlagen. Auch eine Börse gehörte zu den Bauchorganen. Aber sie wurde schon im 17. Jahrhundert liquidiert, und an deren Stelle trat, man kann es kaum glauben, ein Franziskanerkloster. Die Organtransplantation tat offenbar dem Wohlstand der Stadt keinen Abbruch. Neue Wege aus der Zeit unserer heutigen Bankenskandale und Börsenspekulationen? Jan Zamoyski vermauerte sicherlich nicht einen einzigen Ziegelstein, aber die Stadt wurde nach ihm benannt. Ich erinnere mich an den Ingrid-Biedenkopf-Tunnel im sächsischen Freital. Unter welch körperlich schweren Bedingungen mag vor wenigen Jahren die Gattin des ehemaligen Ministerpräsidenten des Freistaates Sachsen den Fels bezwungen haben? Der Marktplatz gleicht einer Puppenstube. Pittoreske Fassaden, schmucke Häuser und ein quirliges Treiben verleihen der Stadt ein südliches Flair. Und selbst die grauen Fassaden in mancher

Nebenstraße wirken charmant. Beruhigt darf der Besucher über deren künftige Schönheit fantasieren, denn ein Stadtumbau-Ost-Programm, welches Baudenkmäler in Schutt verwandelt, ist in Polen zum Glück gänzlich unbekannt. Auch der im Jahre 1992 verliehene UNESCO-Welterbetitel ist Stolz und Ansporn, die Stadt zu verschönern. Gerade werden große Teile der Stadtmauer saniert und fehlende Abschnitte originalgetreu rekonstruiert. Am renovierungsbedürftigen Schloss findet sich eine bröckelnde schwarze Inschrift „Apotheke", obwohl doch Apotheke auf Polnisch Apteka heißt! Die zerfallenden Buchstaben sind ein Überbleibsel dunkler Vergangenheit. Während der deutschen Besetzung des im Zweiten Weltkrieg nun Himmlerstadt genannten Ortes wurde zunächst die jüdische Bevölkerung ermordet, später die polnische Bevölkerung gewaltsam vertrieben. Dabei kamen besonders viele Kinder ums Leben. Auch fast siebzig Jahre nach den Geschehnissen ist es immer wieder notwendig, sich diese Ereignisse zu vergegenwärtigen. Nein, es waren keine Ereignisse, also Dinge, die sich einfach so zufällig ereignen, es war geplant und durchdacht von Anfang an. Auch dass die Lebenswege vieler Naziverbrecher nach dem vermeintlichen Ende ohne größere Brüche erfolgsverwöhnt weitergingen, war kein Ereignis, sondern ein essentieller Bestandteil der deutschen, vorrangig der westdeutschen Nachkriegsgeschichte. Heute jubeln Zeitungen und Fernsehsender unter dem schwarzrotgoldenen sechzigsten Geburtstag vom Erfolgsmodell Bundesrepublik, es auf merkantile Werte reduzierend, dabei die moralischen Schwächen unter den Teppich kehrend.

Die Altstadt von Zamość weiß man in wenigen Stunden gut erkundet, die weitläufigen Anlagen der zersiedelten modernen Stadtteile bergen keine besonderen Reize. Am Stadtrand fällt allerdings eine katholische Kirche auf. Doch der Klinikerbau verrät russische Formen, und in der Tat handelt es sich um die ehemalige Garnisonkirche der russischen Streitkräfte aus den achtziger Jahren des 19. Jahrhunderts. Nach den polnischen Teilungen am Ende des 18. Jahrhunderts, als Russland, Österreich-Ungarn und Preußen sich den polnischen Staat einverleibten, kam dieser Teil zu Russland. Lebendige russische Kultur findet man allerdings nicht mehr, und vom Leben der Armenier und Griechen in Zamość, die dagegen vor Jahrhunderten eingewandert waren, künden heute allenfalls Straßennamen und einige Bürgerhäuser.

Mit dem Bus verlassen wir die Stadt. Meine Bekannte informierte mich während der Fahrt umfassend über die Spracheigentümlichkeiten der ostpolnischen Bevölkerung. Als Sachse war ich ganz Ohr. Denn die Leute dehnen ihre Worte in komischer Weise, dass das übrige Polen über sie lacht. Gibt es einen Film, in dem ein linkischer Hinterweltler vorkommt, dann ist sein Kennzeichen jener kauzige Dialekt. Sie verwenden sogar andere Wörter, so für Konditorei. Das heißt nicht Zuckergeschäft, cukiernia, wie üblich, sondern Kuchengeschäft, ciastkarnia! Ach, wie fühlte ich mich da verbunden mit Land und Leuten! Spät abends erreichen wir in einer dreistündigen Fahrt Puławy, ein Städtchen direkt an der Weichsel, in dem während der hochsommerlichen Julitage mehr Mücken als Menschen leben. Wir steigen im Stadtzentrum aus, finden aber keines, bitten in der breiten, weitläufig bebauten Allee einen Taxifahrer, uns zum Hotel im Zentrum zu chauffieren, der jedoch lachend auf das wenige Meter entfernt stehende Hochhaus verweist. Eine Stadt ohne Altstadt! Die junge Frau im Hotel zuckt mit den Schultern, wahrscheinlich sei die Stadt im Krieg zerstört worden, aber sie wüsste es nicht genau. Gegenüber erinnert ein wuchtiges Basaltdenkmal an die Kämpfe im Jahre 1944. Sehenswert sind die weitläufigen Parkanlagen mit einem gotischen Haus, welches in Anlehnung an das Wörlitzer Vorbild entstanden ist. Mittlerweile ist es zweihundert Jahre alt. Aus gleicher Zeit stammt der Sibyllentempel, eine Kopie des

Vesta-Tempels in Rom, der immerhin zweitausend Jahre älter ist. Im Jahre 1801 entstand hier das erste Museum Polens. Die Löwen, die den Eingang zum Tempel bewachen, waren ein Geschenk des russischen Zaren. Nach ihm nannte sich die Stadt Nowa Alexandria. Nicht des Löwen-Geschenks wegen - Puławy war ab 1831 unter russischer Herrschaft! Genützt hat die nette Gabe nichts; kaum ihre Unabhängigkeit im 20. Jahrhundert wiedererlangt, tauften die Polen ihre Stadt um. Auch gegen die unzähligen Mücken scheinen die Löwen machtlos zu sein. Unterhalb des Parks finden sich alte Nebenflüsse der Weichsel, die ideale Sumpf- und Schilfgürtel bilden. So lässt sich der Spaziergang zum nahegelegenen Palast des Fürsten Czartoryski nur mit weit ausfahrenden und klatschenden Handbewegungen fortsetzen. Adam Kazimierz Czartoryski wollte einst Nachfolger von August dem Starken werden, blieb aber zeitlebens nur ein erfolgloser Kandidat für den polnischen Thron. Später begab er sich in österreichische Dienste und wurde immerhin Feldmarschall.

Puławy blieb für die nächsten Tage unsere Ausflugszentrale. Von hier reisten wir per Bus, Minibus oder Anhalter zu den nächstgelegenen Sehenswürdigkeiten. Und da gab es viele: Zunächst das Schloss Kozłówka. Idyllisch gelegen in einem Park, fällt es durch seine tadellos erhaltene Inneneinrichtung auf. Im Treppenhaus begrüßt August der Starke von einem Ölbild aus herabblickend die Besucher. Stuck, Tapeten, Mobiliar, selbst die Bibliothek haben die Wirren des 20. Jahrhunderts überdauert. Die Schlossherren sollen angeblich sowohl den Deutschen als auch den Russen im Jahre 1939 bzw. 1944 eine größere Summe Geld übereignet haben, damit sie ihren Besitz verschonen. Nach dem Kriege verstaatlicht, stritten die Alteigentümer um Rückgabe, erhielten aber eine Entschädigung und die Möglichkeit, ein Zimmer der Schlosses regelmäßig zu nutzen, während der übrige Teil der Öffentlichkeit als Museum weiterhin zugänglich bleibt. Ach hätte man doch den verarmten Wettinern ein Zimmerchen im Dachstuhl des Dresdner Schlosses angeboten; nun ziehen sie bettelnd durch das Grüne Gewölbe und suchen sich Porzellan aus, um es bei Sotheby's für einen Kanten Brot zu verscherbeln! In Kozłówka wartet noch ein sehenswertes Museum über den sozialistischen Realismus auf. Darin findet man einen Arbeitsaktivisten wieder, der die Norm ums Zigfache überbot und so zum Helden wurde: Piotr Ożański. Die Geschichten sind alle gleich. In der DDR hieß er Adolf Hennecke, in der Sowjetunion Alexei Grigorjewitsch Stachanow. Letztere arbeiteten im Bergbau, Ożański dagegen war Maurer in Nowa Huta bei Krakau. Später soll er dem

Alkoholismus verfallen sein. Übrig blieb sein Ölbild in diesem Kuriositätenkabinett zwischen Fahnen, Gipsbüsten und Urkunden.

Als nächstes Ausflugsziel stand Lublin auf dem Programm. Eineinhalb Stunden im Minibus, dann erreichen wir den weitläufigen Busbahnhof, an dessen Rande eine einsam in Mitten des Verkehrs gleichsam auf einer Insel stehende orthodoxe Kirche von der Verschmelzung der Kulturen kündet. Eine Einstimmung auf die Großstadt ist so gar nicht möglich. Buchstäblich aus dem Nichts heraus befinden wir uns mitten im Zentrum. Auf der gegenüberliegenden Straßenseite liegt das Schloss, und dahinter türmt sich wie ein Stapel Holzpaletten die filigrane Altstadt auf. Das Schloss vereint Höhen und Tiefen mitteleuropäischer Geschichte auf engstem Raum. Die Schlosskapelle verzaubert den Besucher durch fast vollständig erhaltene altrussische Malereien aus dem Mittelalter. Der polnische König, umgeben von kyrillischen Buchstaben, mustert von der bunten Putzwand die Besucher. Ein Zeichen multikultureller Toleranz! In Schulterhöhe finden sich im Putz zahlreiche Beschädigungen. Vandalen und Schmierfinken haben hier ihre Namen hinterlassen. Ungewöhnlich aber sind die Datumsangaben, alle aus dem 17. Jahrhundert! Ja richtig, klärt die Aufsichtsperson auf, die Kritzeleien stehen unter Denkmalschutz, hier verewigten sich polnische Adlige vor mehreren hundert Jahren! Über die Blütezeit des polnischen Staates berichtet das Gemälde von Jan Matejko, ein Monumentalbild mit überlebensgroßen Figuren, so lebendig in Öl gebannt, als würden sie die Personalunion mit Litauen gerade erneut vor den auf Bänken im Angesicht des riesigen Bildes sitzenden Besuchergruppen vollziehen. Etwas weiter kündigt sich der unheilvolle Nationalismus des 20. Jahrhunderts an. Ölbilder zeigen die siegreiche polnische Armee im Jahre 1921. Ein Kavallerietrupp hält auf eine russische Kanonenbesatzung zu; das Bajonett des polnischen Soldaten, dessen Uniform tadellos und frisch gebügelt sitzt, schwebt über dem schmutzig fleckigen Rücken des zerzausten Russen; der Betrachter ahnt, wie das gleich pieken wird. Auf einem anderen Gemälde entschlossen blickende, aufrechte Kämpfer mit Schnurrbärten, die Józef Piłsudskis grimmigen Blick wohl zum Vorbild hatten; unter ihnen sich zur Flucht wendend ein Soldat der Roten Armee, die erdfarbene Uniform zerlumpt, das pausbäckige Gesicht schmutzig und gegerbt wie bei einem verarmten Bauern. Harmlos sind diese Leinwände gegen die Ereignisse im Lubliner Schloss, die sich im Juli 1944 abspielten. Eine Sonderausstellung erinnert daran, wie wenige Stunden vor dem Eintreffen der sowjetischen

Armee die Häftlinge des als Gefängnis genutzten Schlosses durch die deutschen Besatzer ermordet wurden. Häftlinge, das waren auch jüdische Frauen und Kinder! Hermann Worthoff hatte damals die Befehlsgewalt. Nach dem Krieg arbeitete er unter falschem Namen als Handelsvertreter, wurde 1975 vom Gericht Wiesbaden wegen seiner Untaten im Ghetto Lublin im Jahre 1942 – 8000 Menschen wurden ermordet – zu acht Jahren Haft verurteilt. Acht Jahre für einen Massenmörder! Doch davon steht nichts im „Dialog"!

Vom Schloss aus erreicht man die Altstadt bequem über eine Brücke, die sozusagen die beiden Hügel, auf deren einen das Schloss, auf deren anderen die Altstadt liegt, verbindet. Die Altstadt ist eine Überraschung. Renaissancehäuser kuscheln sich in engen Gassen aneinander, Durchgänge, Tore beleben das Häuserwirrwarr, und eine Treppenanlage, die mich an Lissabon erinnert, führt in tiefer gelegene Teile der Altstadt. Der im Gegensatz zu Krakau noch morbide Charme mancher Gassen verleiht dem Ensemble ein südländisches Flair. Durch das mächtige Krakauer Tor verlässt man die Innenstadt und findet das, was wir auf der gegenüberliegenden Seite vermisst hatten: die historistische Vorstadt mit ihren eklektizistischen Bauten, darunter das mondäne Hotel Europa, eine Kopie bzw. ein zur gleichen Zeit entstandenes Duplikat eines Warschauer Vorbildes. Zur Geschichte Polens gehört wohl oder übel auch das Lubliner Manifest. Mit der Inauguration der Moskautreuen Vasallenregierung wurde Lublin im Juli 1944 für wenige Monate Hauptstadt eines kleinen polnischen Territoriums zwischen Bug und Weichsel. Im Osten hatte das Land seine Gebiete an die Sowjetunion abgetreten, im Westen sollte der neue Staat erst noch entschädigt werden. Auf der Suche nach dem geschichtsträchtigen Ort halfen mir die bunten Handzettel und Touristenbroschüren nicht weiter. Sie wiesen eine Geschichtslücke von mehreren Jahrzehnten auf. In der Touristinformation blickte man mich schief an. „Die kommunistische Geschichte ist heute nicht populär", klärte mich der Stadtführer in Englisch auf und verriet dennoch die Lage der gesuchten Gebäude. Heute befindet sich im ehemaligen Regierungssitz das Wojewodschaftsamt; gegenüber ein Krankenhaus, welches einst den Stab der Armia Ludowa beherbergte. Nach dem Warschauer Aufstand ist die Erstickung der Freiheitsliebe der Polen im Stalinismus ein Trauma, doch rechtfertigt es, die Spuren der unheilvollen Geschichte zu tilgen? Was in jener Zeit entstand, ist letztlich die Grundlage des heutigen Polens und nicht die in Öl gebannte Macht und Herrlichkeit, wie Jan Matejko sie festhielt… In sommerlicher Hitze verlassen wir im überfüllten, stickigen Minibus eine faszinierende Stadt, die es wert ist, in einigen Jahren zur Europäischen Kulturhauptstadt erhoben zu werden.

Im stickigen, überfüllten Minibus in sommerlicher Hitze geht die Reise am Folgetag dem nächsten Ziel entgegen. Das gealterte Gefährt hüpft über die durch Baustellen aufgewühlte Straße mit einer rasanten Geschwindigkeit, die die Tachonadel nicht mehr imstande ist anzuzeigen. Nicht nur das, die Tachonadel hat sich offenbar davongeschlichen! Nach unendlich langen fünfzehn Minuten quillt die Menge aus dem Bus. Mücken stürzen hocherfreut auf ihr frisch angeliefertes Mittagsmahl. Untrüglich befinden wir uns dicht an der Weichsel. Taumelnd finden wir langsam das Gleichgewicht wieder und stehen mitten auf dem Marktplatz von Kazimierz Dolny. Prächtige Renaissancehäuser, die von ferne an mächtige Spekulatius-Kekse erinnern, wechseln gemeinsam mit dem Sonnenstand das Relief ihrer Fassade. Die Mittagssonne lässt die wuchtigen Mauern filigran erscheinen; das Licht des Spätnachmittags kerbt tiefe Schatten in die Fassaden, steigert die Plastizität der steinernen Figuren und lässt sie zum Leben erwachen. Der Heilige Nikolaus löst sich von der Wand, als wolle er seinen Nachbarn Christophorus besuchen. Im

Dunkel der Abenddämmerung kehrt er wieder an seinen Platz zurück und verschmilzt mit dem übrigen Ornament. Früher war die Stadt wohlhabend, versorgte das mächtige Danzig mit Getreide und erhielt im Gegenzug Wein und andere seltene Güter. Eine Strömungsveränderung der Weichsel machte den Handel auf dem Wasser unattraktiv, und rasch verfiel die Stadt, verlor sogar ihre Stadtrechte, bis Anfang des 20. Jahrhunderts Romantiker, Maler und zum Glück auch ein paar Leute mit etwas Geld in der Tasche – Sommerfrischler aus Warschau – den Ort neu entdeckten und ihn zu dem machten, was er heute ist – einem Touristenmagnet. Hier fotografieren und filmen, filmen und fotografieren Japaner, schmausen Deutsche Pirogi, tanzen Ukrainer auf dem Marktplatz – halt, das war ja die offizielle Theateraufführung! Wunderschön ist der Blick von den sanften Hügeln auf die Stadt.

Eine Anhöhe durchbrechend entfaltet die Weichsel gegen den dramatischen Gewitterhimmel, der sich von Ferne ankündigt, einen silbernen Glanz, während die kühle Feuchte des vorangegangenen Regengusses als Nebel in den Tälern schwebt. Der Fluss verdient noch die Bezeichnung. Ausgedehnte Sandbänke und weitgehend naturbelassene Ufer lassen hoffen, dass die Fördermittel der Europäischen Union mit eben jener raschen Strömung wie der Dreck der flussaufwärtigen Großstädte an der stehengebliebenen Zeit vorbeifließen.

Abb. Gewitter über Kazimierz Dolny, Öl auf Leinwand, 2009.

Zum Abschluss bleibt die Wanderung nach Janowiec, ein majestätisches Schloss, welches den Blick über die Weichselebene beherrscht. Von dem Bauwerk steht meist nur noch die Umfassung. Diese ist wundersam genug. An den Mauern hoch oben über dem Eingangstor sind Ritterfiguren über mehrere Stockwerke an die Mauern gemalt. Frappierend ist – sie erinnern an überdimensionale Kinder-zeichnungen mit ungelenken Strichärmchen und Streichholzhälsen auf unproportionierten eckigen Körpern! Fürwahr, die Bilder sind

Jahrhunderte alt. Aber wer malte sie so? Wollte der Burgherr seine Gegner verspotten? Vom Kalksteinfelsen hinab erreichen wir die Fähre, die uns in der Nähe von Kazimierz Dolny absetzt. Ein dunkelblauer Horizont mahnt zur Eile. Wenig Zeit bleibt, im nahegelegen Steinbruch das Schild „Privatgelände. Betreten verboten!" zu umgehen und an der bröckelnden weißen Wand nach Fossilien zu suchen. Vor 60 Millionen Jahren war hier nichts als Meerwasser. Die beeindruckendsten Stücke finden sich in einem kleinen naturkundlichen Museum, welches in einen der alten Getreidespeicher am Flussufer eingezogen ist. Das tiefe Blau sendet einer Vorhut gleich seine ersten Regentropfen. Bemerkenswert ist, dass die immerwährenden stechenden Plagegeister plötzlich verschwunden sind, allesamt, als hätten sie sich abgesprochen. Rechtzeitig erreichen wir in der Stadt ein Café mit einem Sonnenschirm, als sich ein Wolkenbruch über uns ergießt. Barszcz und Pirogi bei einem Glas Herbata munden jetzt besonders. Bald lässt der Regen nach, und die erste mutige Mücke labt sich an meiner Wade, deren ständiges Jucken am nächsten Tage dem blasser werdenden Aufleuchten der Erinnerung ähnelt, wenn der monotone Alltag wieder vom Denken und Fühlen Besitz ergreift.

August 2009

Auf den Spuren sächsischer Geschichte(n)

Wanderer, nein vielmehr Reisender oder besser: Bustourist, kommst du nach Krakau, verkünde dorten, dass es nicht die Deutschen waren, die Wien entsetzten. Nein, nicht die Piefkes von heute sind gemeint, die die Österreicher entsetzten und Selbiges fortlaufend tun, vielmehr der Entsatz von Wien. Und da steht aber auf einer Gedenktafel zu Jan Sobieski in Bronze geschrieben, *deutsche* Truppen hätten unter seiner Führung gemeinsam mit polnischen und schlesischen im Jahre 1683 die Stadt Wien vor dem Zugriff türkischer Truppen bewahrt. *Deutsche* Truppen! Stell sich einer mal vor, da kommt irgend so ein Berliner in die Kathedrale auf den Wawel, schaut auf die Bronzetafel und sagt: Dufte, wa! Wo es doch damals überhaupt keinen deutschen Nationalstaat gab! Und wir Sachsen immer eins von den Preußen auf die Mütze bekommen haben! Aber wir Sachsen waren es, die einst vom Kahlenberg aus kampfesmutig auf den Stephansdom blickten! Na gut, ein paar Leute aus dem Freistaat Bayern, Hessen und Baden-Württemberg waren auch anwesend. Ohne südwestdeutsche Kompetenz läuft ja auch im heutigen Sachsen nichts. Aber zumindest waren keine Berliner dabei!

So gleiten die Gedanken, während ich auf einer Parkbank inmitten der Donauinsel lustvoll in einen Döner Kebab beiße. Mein Blick geht hinüber zum Kahlenberg, wobei die Knoblauchsoße auf mein Hemd tröpfelt. Wozu das ganze Gemetzel? Selbst im Inneren des Stephansdoms betreibt heute ein bekennender Mohammedaner seinen christlichen Souvenirladen. Fern schimmert die grüne Spitze der St. Josephs-Kirche herüber. Sie ist heute ein wichtiger polnischer Wallfahrtsort. Und wir Sachsen? Wie gedenken wir, das kleine Volk mit dem belächelten Dialekt, der Ruhmestaten unserer Geschichte? Kein Kirchlein, nicht einmal eine verkleinerte Kopie des Völkerschlachtdenkmals findet sich in den Ausläufern des Wienerwalds! Apropos Völkerschlacht: Hier standen die Sachsen ja auf der falschen Seite, also auf der von Napoleon. Trotzdem begebe ich mich auf die Spuren sächsischer Geschichte. Und beginne damit in Grinzing, im Heurigenlokal.

Das Wienerschnitzel erinnert in seiner Gewaltigkeit an die osmanischen Truppen-stärken, ist anfangs kaum zu bewältigen. Am Ende bleibe ich der Sieger - ich, der Sachse! Wie damals. Der Heurige-Tropfen tut sein Übriges, so dass ich die Spurensuche für heute abbrechen muss, mich in die Straßenbahn setze und müde wie von einer großen Schlacht im Hotel ankomme. Morgen kann das Unternehmen erneut beginnen. Auch Wien ist ja nicht an einem Tage entsetzt worden.

Abb. Ankunft in Wien, Öl auf Leinwand, 2008.

Der neue Tag beginnt in Nußdorf. Ich gehe den umgekehrten Weg wie die sächsischen Truppen. Ich wandere von unten durch die Weinberge zum Kahlenberg hinauf. Die Einnahme von Speis und Trank habe ich diesmal auf dem Kahlenberg vorgesehen. An einem Bach entlang geht es hinauf. Durch die Rebstöcke verläuft eine steile Treppe, von deren oberen Ende man bereits den Blick auf Wien genießen kann. Stephansdom, Votivkirche und Rathausturm sind im fernen

Dunst kaum zu erkennen, dafür drängen sich die diversen Hochhauskästen auf, die wie Warzen aus dem ruhigen Stadtbild lugen. In einer solchen erkenne ich die schwungvolle Parabel der Spitze eines Wolkenkratzers wieder, die irgendwie an den Leipziger Uni-Riesen, der längst keiner mehr ist - weder Riese noch Uni -, erinnert. So fühle ich kurz unterhalb der historischen Stätte die innige Verbundenheit Sachsens mit Österreich. Nicht nur, weil wir alle unter den Piefkes zu leiden haben. Endlich habe ich das Plateau des Kahlenberges erreicht. Und siehe – keine sächsischen Spuren! Die St. Josefs-Kirche ist mit polnischen Gedenktafeln außen wie innen verkleidet. Polnisches Bier und Bigos lauern an den Ständen auf Hungrige. Heerscharen polnischer Touristen umlagern das Gotteshaus, drängen, ja quetschen sich schubweise durch die enge Pforte an der Seite hinein. Der Haupteingang dagegen mündet in eine gläserne Wand. Kaum dass ich einen Blick ins Innere der Kirche erhaschen kann, bin ich bereits von Dutzenden Touristen in der engen Nische bedrängt, die prompt niederknien und selbst dem fernen Altar ein Gebet widmen. So beschließe ich in der Enge, mich erst einmal zu stärken und entdecke ein richtiges Bio-Café. Der Kaffee aus ökologischem Anbau, der Zucker echt von der Rübe – natürlich kontrolliert gewachsen. Selbst der Wegwerfkaffeebecher aus Pappe verrät durch seine bräunliche Färbung die Sorge um den Umweltschutz. Ein starker Regenguss zwingt uns Gäste unter die Veranda, einem gläsernen Gewächshaus ähnlich, da umhüllt mit durchsichtigen Kunststofffenstern. Hier muss bis vor ganz kurzem noch jemand gewerkelt haben, vielmehr etwas geklebt haben. Sehr viel geklebt haben. Es riecht penetrant nach Klebstoff - nix mehr von ökologisch und kontrolliert und Altpapier mit drin, es stinkt einfach intensiv nach Lösungsmittel! Mein Kaffee kann gar nicht so schnell auskühlen, wie ich, von Kopfschmerzen geplagt, die Veranda wieder verlasse. Der Regen hat zum Glück nachgelassen, und so beginne ich rasch den Abstieg, erreiche die Grinzinger Straßenbahn und nehme am Karl-Marx-Hof in der U-Bahn eine der kostenlosen Zeitungen mit. Als ich schließlich an der Ampel an der sechsspurigen Trasse, auf der der Autoverkehr lärmend und prustend am Schönbrunner Park vorbeidonnert, auf Grün wartend die Titelseite des Regenbogenblattes beschaue, darf ich erfreut lesen, dass das Vulkanwölkchen des Eyjafjallajökull selbst hier in der Ferne nicht gesundheitsschädlich ist. Da lasse ich mir dann das Schnitzel und die zwei Heurigen sorglos schmecken - in der Alt-Wiener Eckkneipe mit der netten türkischen Bedienung und dem türkischen

Koch, die offenbar in ein und derselben Person aufgegangen sind.

Wochen später bahnt sich ein Tropfen Knoblauchsoße den Weg über eine Rinne im Fladenbrot, verharrt noch zögernd am Rand eines Zwiebelringes, bevor er auf meine Sommerhose klatscht. Trinke dabei einen Kaffee, das Getränk, dass die sächsischen Truppen vor über 300 Jahren nach Leipzig ins dortige zweitälteste Kaffeehaus Europas brachten. Ich blicke von meinem Kunststoffhocker unter dem Bierwerbung tragenden Sonnenschirm über die Weichsel auf den Wawel. Majestätisch künden die Türme von den Sternstunden polnischer Geschichte. Und die Bronzetafel in der Kathedrale? Ich tupfe meine Sommerhose so gut es geht sauber und lasse die Tafel Tafel sein.

Mai 2010

Die Schöne im Schatten der Metropole

Das Wort cool hat unlängst in die deutsche Sprache Einzug gehalten. Einer der wenigen Anglizismen, der die deutsche Sprache bereichert, denn wie wolle man das Hollywoodbild des lockeren, durch nichts aus der Ruhe zu bringenden Leinwandkommissars, der die kniffligsten Fälle mit übermenschlichem Spürsinn elegant löst, beschreiben? Oder den lässigen Heranwachsenden der cannabinoiden Generation „Vollpanne" mit einer Basecap genannten Bedeckung auf dem Kopf, der kaugummikauend im Arztzimmer eine Krankschreibung einfordert, da er Stress durch die Matheprüfung hätte. Wie wollte man diese Prototypen unserer modernen Zeit wohl anders beschreiben, als durch das Wort cool. Doch cool bedeutet nicht nur cool, sondern auch kühl. Und das erst recht in seinem Ursprungsland. Dort wird nämlich alles gekühlt. Bestellt man sich ein ausgesprochen schmackhaftes, alkoholfreies Rootbeer, ein Bier, früher hergestellt aus der Wurzelrinde des Fenchelholzbaumes, jetzt wegen der Giftigkeit der Inhaltsstoffe durch Aroma ersetzt, bestellt man sich also dieses Wurzelbier, dann serviert der Kellner natürlich ein Glas dazu, welches bis zum Rand mit Eiswürfeln gefüllt ist. Kein Auto, kein Bus, keine U-Bahn, kein Hotelzimmer, welches nicht dem Gefrierpunkt gefährlich nahe kommt. Denn gekühlt wird herunter bis in den Frostbereich. Und ebenso frostig war der Hinflug in der amerikanischen Fluglinie. Gut, dass der herbstliche Reisebeginn dem Einpacken folgender Dinge ins Handgepäck förderlich war: Ein Pullover, das heißt kein Anglizismus, sondern ein Neologismus mit aus dem Englischen entlehnten Wörtern, sowie eine Jacke amerikanischer Marke, in Wirklichkeit aber keine solche, sondern in China hergestellt worden. Damit ließen sich acht Stunden Flug überstehen. Überstehen ließ sich auch die Boshaftigkeit der Nordsee, die mit ihren frechen Luftturbulenzen das Flugzeug zum Vibrieren brachte und meinen Puls und meine Schweißdrüsen im Handtellerbereich aktivierte. Übrigens genau dasselbe tat sie auf dem Rückflug! Vom klimatisierten Flugzeug über den klimatisierten Flughafen ins klimatisierte Auto erlebte ich, in Boston angekommen, einen leichten Hitzeschock. Der Oktober war schwülwarm. Der Oktober hielt nur wenige Minuten an, bis die Hotelhalle wieder für mildes Winterklima sorgte, welches in ein wärmeres Winterklima im Hotelzimmer, dessen Fenster sich nicht öffnen ließen, überging. Gott sei Dank und mit technischer Hilfe war eine Klimaveränderung möglich. Und so löste ich durch Betätigung des on-off-Schalters einen Klimawandel aus. Lokale

Erwärmung. Im Hotelzimmer versteht sich. Ein Pappbecher rückte nun ins Zentrum meiner Aufmerksamkeit. Wegwerfware, aber mit zehn Prozent Altpapieranteil. Die große Kaffeefirma, die mittlerweile auch im alten Europa Fuß gefasst hat, verkündete auf dem Becher, dass der Gebrauch desselben richtigen Umweltschutz bedeute, weil die zehn Prozent Altpapieranteil jährlich zehntausend Bäume vor der Fällung bewahren würden. Nachdenklich blickte ich durch das Fenster im sechsundzwanzigsten Stock auf die Neorenaissance-Kuppel des „Christian Science Church Center". Wissenschaftlich überlegte ich, dass ich zwanzigtausend Bäume rette, wenn ich den Pappbecher für den zweiten Kaffee nicht wieder verwenden würde, sondern mir einen neuen nähme. Wenn alle Menschen dieser Stadt immer nur aus Wegwerfpappbechern tränken, ja wenn alle Menschen der Welt... - wie viele Wälder könnten so erhalten werden! Rechnet man noch die im Supermarkt erhältlichen ökologischen, braun gefärbten, weil zwanzig Prozent Altpapieranteil enthaltenden Bioprodukteinkaufstüten hinzu, ließen sich in Zukunft vielleicht mehr Bäume auf der Erde retten, als es Wälder gibt! Ach, wie viel Gutes kann man für die Natur tun, ohne Großes leisten zu müssen! Und viele Dinge, die mich wunderten, ergaben nun eine logische Verknüpfung. Erleichtert verließ ich das

Hotel, indem ich die sich nahtlos anschließende Halle des vollklimatisierten Einkaufszentrums betrat, von dort aus direkt die U-Bahn-Station erreichte. Die Amerikaner sind praktisch, lieben Abkürzungen. „T" heißt das Untergrundbahnsystem, abgeleitet von Transport. Diese Linie hier ähnelte einer unterirdischen Straßenbahn. In der Nähe des Gewandhauses – Verzeihung! – der Sinfoniehalle, rollt sie an die Oberfläche. Die Sinfoniehalle, 1903 eingeweiht, ist eine Kopie des 1885 eröffneten Leipziger Gewandhauses. Letzteres zählte von der Akustik her zu den weltbesten Spielstätten, und so kopierte man den Bau in Boston einfach. Nur die Außenfassade unterscheidet sich deutlich vom Schwesterbau in Leipzig. Das alte Gewandhaus überlebte den Krieg beschädigt. Obwohl zum Wiederaufbau vorgesehen, wurde es im Jahre 1968 abgebrochen. Heute zittert gleichnamiges Orchester um seinen Weltruf, erfreut sich doch die sächsische Landeshauptstadt sorgfältiger Pflege ihrer Kultureinrichtungen, die in der Provinz Überflüssiges dem Rotstift anheim fallen lässt. Achthundert Orchester wurden in den letzten Jahren in ganz Deutschland geschlossen. Hat man deshalb in den 1960er Jahren in weiser Voraussicht abreißen lassen? Lassen wir die Sinfoniehalle in Fahrtrichtung rechts liegen, kommen wir zwei Haltestellen weiter an das Museum des schönen Künste bzw. Museum of Fine Arts. Es ist klein, aber fein, eben „fine“. Nur erlesene Werke, allesamt Klassiker, die man irgendwo schon mal gesehen hat, wie das Mohnblumenfeld von Monet, das weltweit in Mittelklassehotels, Wartezimmern und Büroräumen als Foto hängt. Ganz zu schweigen von der Antikensammlung: Die Venus, welch begehrenswertes Weib! Doch nur ihr Kopf ist erhalten. Was soll's? Fundstücke, so exaltiert, dass sie ein ganz anderes Bild von der Antike vermitteln, als es geläufig ist. Ein Liebespaar als Plastik auf einem Sarkophagdeckel, Mann und Frau in einem steinernen Bett, von einer Decke umschlungen, sich tief in die Augen blickend. Wie ideenreich und vielfältig doch unsere Altvorderen gelebt haben, aber auch, wie im Angesicht der unabwendbaren Vergänglichkeit des Daseins das Wichtigste in den Mittelpunkt rückt: die Liebe, das unbegreiflichste und tiefgründigste Fühlen, was nur uns Menschen eigen ist.

Boston steht zu Unrecht im Schatten New Yorks. Der Puls geht hier anders. Fernab ist die Hektik, der Laufschritt, der die Straßen Manhattans beherrscht. Der Verkehr rollt hier rücksichtsvoll. Das Personal in Bus und Bahn ist freundlich und ausgesprochen hilfsbereit. Die Afroamerikanerin, die in der U-Bahn in ihrem kleinen Kabuff als Aufsicht angestellt war, kam extra zu mir heruber, um mich mit der Funktionsweise des Fahrscheinautomaten vertraut zu machen. Dinge, die ich mir als Leipziger in meiner Heimatstadt überhaupt nicht vorstellen kann. Zumindest sind die hiesigen Automaten selten funktionstüchtig, so dass das Personal ja gar freundlich zu sein braucht. Mit der U-Bahn lassen sich die wichtigsten Sehenswürdigkeiten bequem erreichen, wobei man wiederum auf die U-Bahn verzichten kann, liegen jene doch so nahe bei einander, dass man getrost zu Fuß gehen darf und eigentlich auch sollte, um im Takt des pulsierenden Lebens mitzuschwingen. In Boston kann man sogar auf den Strich gehen, ohne rote Ohren zu bekommen. Es handelt sich um einen roten Strich, fast fünf Kilometer lang: der Pfad der Freiheit oder Freedom Trail. Beginnend mit einer romantischen Wohnhaussiedlung aus dem neunzehnten Jahrhundert, Beacon Hill, dann das State House mit seiner gewaltigen goldenen Kuppel, der Regierungssitz von Massachusetts, nicht weit davon der Friedhof Old Granary. Eingeklemmt zwischen Hochhäusern bilden über zweihundert Jahre alte, windschiefe Grabsteine unter alten Bäumen einen wildromantischen Kontrast zur Geschäftigkeit der umliegenden Einkaufs-straßen. Hier liegen die sterblichen Reste zweier Helden des Unabhängigkeitskampfes. John Hancock und Paul Revere. Letzterer ist inzwischen posthum der Legendenbildung überführt. Nicht er, sondern andere warnten im Jahre 1775 die Freiheitskämpfer in einem legendären Ritt zu Pferde vor heranrückenden englischen Truppen. Ein Dichter namens Longfellow ließ aber Revere allein zu Ruhme kommen – des Reimes wegen.

Die vom Friedhof aus nur eine Straßenecke weiter gelegene King's Chapel beeindruckt durch einen Säulenportikus. Auch das Innere ist im Originalzustand des Jahres 1754 erhalten. Für die Belange der Neuen Welt ein richtig alter Bau! Hier wurde 1786 das erste Mal auf amerikanischem Boden des Messias von Georg Friedrich Händel aufgeführt.

Land der unbegrenzten Möglichkeiten, so bezeichnen wohl gerne die Europäer, die noch nie in Amerika waren, oder diejenigen, die die Stadtteile abseits der glanzvollen Hochhausfassaden nicht besucht haben, ihre Sehnsüchte mit dem von den bekannten Filmstudios an der Westküste propagierten Bild vom amerikanischen Traum. Wie an allen kurzgefassten Urteilen ist auch hier durchaus ein wahrer Kern zu finden. Ich erinnere mich an die Lebensgeschichte eines Chicagoer Klinikdirektors, der als arbeitsloser Zeitungsredakteur begann. Oder die Rockefeller-Familie, bekannt durch den Hochhauskomplex im Zentrum New Yorks, entstanden mitten in der Wirtschaftskrise der 1930er Jahre. Der Großvater siedelte Anfang des neunzehnten Jahrhunderts nach Amerika über, verdingte sich als Arzt, obwohl er nie irgendein Studium oder eine höhere Bildung absolviert hatte. Seine Patienten behandelte er nichtsdestotrotz offenbar erfolgreich. Sein hohes Einkommen war der Grundstein für den Aufstieg von Sohn und Enkel im zwanzigsten Jahrhundert. Mir scheint, die falschen Ärzte sind doch die besten. Die Gutachten des Postboten, der in Sachsen als psychiatrischer Oberarzt tätig war, sind fachlich tadellos; und als in Bayern ein Orthopäde, der das Medizinstudium nie beendet hatte, enttarnt wurde, äußerten seine Patienten ihren Unmut – wegen der behördlich angeordneten Schließung seiner Praxis. Und so war auch der Architekt der King's Chapel, Peter Harrison, kein Architekt. Der in England geborene Geschäftsmann war vielmehr Autodidakt.

Interessant ist, dass das Gestühl in fast sämtlichen Kirchen aus in sich abgeschlossenen Boxen besteht. Mit einer Tür kann man diese verschließen. Die Einfriedung aus Holz diente klimatischen Gründen, damit der Wind nicht über den Fußboden in die Füße kriecht. In die Boxen wurden die Kinder, die unbemerkt von des Priesters Blick kicherten oder Unfug trieben, vielleicht auch nur artig still dasaßen, mitgenommen. Es ist auch überliefert, dass sogar der Haushund dem Gottesdienst im engsten Familienkreis beiwohnte. Jede Familie hatte ihre eigene Box, die sie selbst mit Teppichen und Kissen gestaltete. Sie musste diese nicht nur für eine hohe Summe Geld kaufen, sondern zusätzlich jährliche Miete bezahlen. Es war ein Gottesdienst für Besserverdienende, wobei wir bei dem zweiten Ausspruch über Amerika angelangen, der unsere europäische Sicht auf das Land jenseits des großen Teiches prägt: Zeit ist Geld. Ist das der Grund, weshalb sich in jeder Kirche in der Mitte der Orgelempore, also von Altar und Kanzel aus gut sichtbar, eine große Uhr befindet? Deren fortgeschrittene Zeit mahnte zur kulinarischen Einkehr. Unweit von der roten Linie und der Faneuil Hall, in deren Versammlungsraum Reden gegen die Sklaverei und später für die Gleichberechtigung der Frauen gehalten wurden, befindet sich der Quincy Market, eine Ansammlung kleiner Läden, Restaurants und Marktstände, die zum Bummeln und Verweilen einladen. Es sind nicht die gängigen Handelsketten, die in Deutschland die Innenstädte uniform erscheinen lassen – hier ist Individualität angesagt. Ja, auf der anderen Seite des Baumes ist der Rasen grüner, sagt ein amerikanisches Sprichwort. Was soll man essen? Vielleicht eine Muschelsuppe, als lokale Spezialität clam chowder genannt, mit viel Kartoffelstückchen und, naja, eben auch hier und da Muschelstückchen, wenn überhaupt. Am besten isst man nach wie vor beim

Chinesen in Chinatown, wenngleich das Wort Gemütlichkeit keinen Einzug in die Innenraumgestaltung des Restaurants gefunden hat. Dafür ist es ins Amerikanische als Fremdwort eingegangen: „Gäh'mjutlich'kaiit". Mit einem für wenig Geld überfüllten Magen beginnt die Erkundung des zweiten Teils des Freedom Trail, des roten Strichs. Man überquert einen gepflegten Park, der sich einem grünen Band gleich durch die Innenstadt schlängelt. In den 1950er Jahren wurden in einer Schneise Teile der alten Innenstadtbebauung abgebrochen, um Platz für ein graues, für ein Band aus Asphalt zu schaffen. Vor wenigen Jahren wurde die mehrspurige Schnellstraße über mehrere Kilometer in einen riesigen Tunnel verlegt, dessen bepflanztes Dach heutzutage zum Verweilen einlädt. Auffällig ist, dass die Amerikaner jetzt mehr Wert auf ihr architektonisches Erbe legen als früher. In vielen Städten gibt es Architektur- gesellschaften, die sich erfolgreich für den Erhalt wichtiger Bauten oder Stadtquartiere einsetzen. Auch heruntergekommene Altbauten, die man früher ohne zu überlegen abgerissen hätte, warten heute durch Stahlgerüste gesichert auf Investoren. Das Bemühen trägt Früchte. Die Altstadtquartiere sind wieder voller Leben. Touristen strömen durch die engen, verwinkelten, ja eigentlich völlig unamerikanischen Gassen. Wie hinterweltlerisch angesichts dieser Lebendigkeit wirken die Abrissbagger in Chemnitz, die das Stadtumbau-Ost-Programm Gründerzeithaus um Gründerzeithaus vernichtend zur Vollendung bringen! Auf der anderen Seite des Baumes…

Durch das verkehrsberuhigte italienische Viertel mit seiner bezaubernden Hanover-Street, die, warum auch immer nur mit einem „n" geschrieben, mit ihrer in sanfter Biegung angeordneten Backsteinarchitektur Fantasien der guten alten Zeit heraufbeschwört, gelangt man zur ältesten Kirche Bostons, der Old North Church. Über einen weiteren romantischen, auf einer Anhöhe gelegenen Friedhof, Copp's Hill, gelangt man zum Wasser, überquert den Charles River auf einer rostenden Brücke und steht schließlich vor dem Bunker Hill Monument, einem sechsundsechzig Meter hohen Obelisken aus dem Jahre 1843, der an die erste Schlacht des Unabhängigkeitskrieges im Juni 1775 erinnert. Die Engländer gingen zwar unbesiegt aus dem Getümmel hervor, büßten aber viele Soldaten ein, so dass eher von einem Pyrrhussieg auszugehen ist. Im nahegelegenen Hafen kann man ein Schlachtschiff aus den Tagen des Unabhängigkeitskrieges, die USS Constitution, besichtigen. Unbedingt sollte die Rückfahrt ins Zentrum mit dem Schiff erfolgen, für nicht einmal zwei Dollar preiswert, gerade wenn man dazu den fantastischen Ausblick auf die Silhouette der Stadt ins Verhältnis setzt.

Zwei wichtige Gebäude, vielleicht die wichtigsten überhaupt in dieser Stadt wollen wir gesondert erwähnen: Das Old State House und die Trinity-Kirche. Ersteres stammt aus dem Jahre 1713 und hat die vielfachen Wandlungen des Stadtbildes nur deshalb unversehrt überstanden, weil hier im Juli 1776 die Unabhängigkeitserklärung der Vereinigten Staaten vom Balkon herab verlesen wurde. Ein architektonischer Markstein, nicht nur für die USA, sondern weltweit, ist die Trinity-Kirche. Im Jahre 1877 wurde der junge Architekt Henry Hobson Richardson, der zuvor in Paris sein Architekturhandwerk erlernte, mit diesem Bau fortan zu einem der bekanntesten Architekten, der zu seiner Zeit viele Kollegen inspirierte, manch anderen zum Nachahmen ermutigte. Ist die Trinity-Kirche als sein Frühwerk noch in dem im neunzehnten Jahrhundert üblichen Kopieren früherer Baustile verhaftet, so zeigt sich doch an ihrer Rückseite eine wuchtige, monumentale Gestaltung, die den Stil Richardsons künftig prägen sollte. Richardson war ein Vorreiter dessen, was wir heute Monumentalarchitektur oder Neoklassizismus nennen. Von der Trinity-Kirche aus geht ein rotes Band, welches sich durch die jüngere Architekturgeschichte in der gesamten Welt windet. Es als „Freedom Trail" zu bezeichnen, wäre hier fehl am Platze, zählen doch zu jener Architekturepoche auch Bauten wie die Neue Reichskanzlei eines Albert Speer oder die Stalinallee von Hermann Henselmann, Hanns Hopp u.a.

Boston ist die Schöne im Schatten der Metropole am Hudson-River. Vielleicht hat sie gerade dieses Schattendasein davor bewahrt, immer wieder grundlegend neu- und umgestaltet worden zu sein, so dass wir heute in Boston Züge einer europäischen Idealstadt finden: von Wasser umgeben, zahlreiche Grünflächen, Kompaktheit, kurze Wege, architektonische Vielfalt, reichhaltige Kultur, zahlreiche Erholungsmöglichkeiten, vor allem die bezaubernde Atlantikküste mit ihren Badeorten, in der Nähe.
In Newark bei New York wartet das Flugzeug eine Stunde auf den Start. Der Grund: Wegen günstiger Windverhältnisse über dem Atlantischen Ozean verkürzt sich die Flugzeit nach Düsseldorf um über eine Stunde. Eine zeitigere Landung am Zielort ist aber nicht möglich, da der Flughafen erst in den Morgenstunden zu öffnen pflegt. Das Düssel*dorf* zwingt der Millionenmetropole seinen Puls auf! Dort steige ich schließlich in das Flugzeug nach Leipzig um, eine kleine, der geschmolzenen internationalen Bedeutung der einstigen Messe- und Buchstadt von Weltrang angemessenen Maschine. Im Flugzeug saß ein

Tourist mit ausgebeultem Rucksack, schmutzigen Jeans und einem Pullover, dessen Flecke ihn wehmütig an das schmackhafte All-you-can-eat-sechs-Dollar-neunundneunzig-Buffet beim Chinesen am Expressway einundachtzig South erinnerten. Das war ich. Die anderen, das waren ohne Ausnahme Herren in wohlfeilen Anzügen, mit Schlips und Fliege. Uniform die Hände cool in beiden Taschen hin und her wippend, warteten sie ungeduldig am Flugsteig und nahmen beiläufig Notiz vom Aussehen eines eindeutig regional zuordenbaren Individuums. Am Wochenende wird in Leipzig also sächsisch gesprochen, bevor montags nach der Landung die Lichter in den Chefetagen der Büros, Verwaltungen und Institute wieder angehen.

Oktober 2010

Die gekaufte Braut. Eine Reise in tausendundeine Nacht

Das Tempo des Zuges hat sich merklich verlangsamt. Nukus, die Hauptstadt von Karakalpakistan, haben wir hinter uns gelassen. Achmed, der Schaffner, mein neuer Duzfreund, stellt mich auf der letzten Bahnstation einer Passantin vor. Sie leidet unter Rückenschmerzen und will wissen, ob ich als deutscher Arzt ihr noch etwas Besseres als Physiotherapie und Medikamente empfehlen könne. Leider kann ich ihr nur mitteilen, dass es auch in Deutschland nichts anderes als Physiotherapie und Medikamente gibt. Achmed war zuvor an seinem einzigen Ausländer im Zug hochinteressiert gewesen, fragte mich in Russisch, das einen starken usbekischen Einschlag hatte, der die Verständigung erschwerte, allerhand Dinge, auch Privates über Beruf, Herkunft und Reiseziel. Ich antwortete auf Russisch, das einen starken deutschen Akzent hatte und zudem die Regeln der Grammatik freidenkerisch interpretierte, was die Verständigung erschwerte. Trotzdem unterhielten wir uns nett und tranken grünen Tee mit Zitrone. Er war es also offensichtlich, der auf dem Bahnsteig den Leuten von seinem besonderen Gast erzählte, und die Dame schöpfte Hoffnung, dass jenseits des Kaspischen Meeres alles anders, alles besser ist. Wir nutzen die kleine Pause, um uns die Angebote der Händler am Bahnsteig anzuschauen. In einem typischen runden Lehmofen bäckt man gerade frisches Brot, eine Art Fladenbrot, mit dem türkischen, welches man in Deutschland kaufen kann, aber nicht zu vergleichen. Jede Region hat ihr spezielles Brot mit ihm eigenen, durch bestimmte Lochstempel vor dem Backen aufgedrückten Verzierungen. Ein erfahrener Gourmet schaut auf den Laib und kennt die Herkunft. Möge das bei unseren deutschen industriellen, aroma-, farbstoff-, geschmacks-verstärker- und Was-weiß-ich-nicht-Alles-geschwängerten Fertignahrungsmitteln, natürlich mit Öko- und Biosiegel, doch mal der Fall sein! Nun rollt der Zug gemächlich, die endlosen, spärlich bewachsenen Sanddünen der Wüste Kysylkum sind Baumwollfeldern gewichen, hier und da liegen wie quaderförmige Holzklötzchen aus einem Kinderspielzeugkasten Lehmhäuser verstreut. Das Gelbbraun der Baumwollpflanzen, durch das weiße Tupfen schimmern, ist eingerahmt vom saftigen Grün der Bäume und Sträucher, und über allem wölbt sich ein unterschiedslos hellblau gestrichener Himmel. Die Farben so intensiv, da erscheint die spätherbstliche Stimmung in der Heimat, vor wenigen Tagen erst zurückgelassen, wie ein ferner, unwirklicher Traum:

Where are you from?, fragt mich die Kassiererin in dem kleinen Lädchen, mithin als *shop* bezeichnet, auf dem Münchner Flughafen. Ich signalisiere ihr, dass ich auch der deutschen Sprache mächtig bin, und sie übersetzt spontan: Jo wo sans her? Dann klappern die sieben meine Heimatstadt benennenden Buchstaben auf einer Tastatur. So werden selbst beim Einkaufen dreier von einer deutschen Firma nachgemachter Salzburger Mozartkugeln alle möglichen Informationen eingeholt. Wird man am anderen Tag im Berliner Innenministerium erfahren, dass genau 17.35 Uhr (Druck des Kassenbons) ein Mann aus Leipzig ein Plasteherz gefüllt mit drei Mozartkugeln kaufte, sich danach vom Laden entfernte und nach dem Toilettengang einen Sitzplatz in der Nähe des Flugsteigs - ein Wort, das in München durch die englische Bezeichnung *gate* ersetzt wurde -, also einen Sitzplatz in der Nähe des Flugsteigs zum Flug nach Taschkent in Usbekistan einnahm? Nachdem ich mich zur Verwirrung des Innenministeriums wieder von meinem Sitzplatz erhoben habe und durch die weitläufigen Hallen schlendere, werde ich plötzlich gewahr, dass ich mit meiner Heimatsprache in meinem Heimatland nicht viel anfangen kann. Die Geschäfte tragen sämtlich irgendwelche englischen Bezeichnungen, deren Werbeauslagen und die Menükarten der Restaurants einschließlich der

89

Werbeaufsteller ebenfalls. Wie freut es mich da, dass Achmed, der Schaffner, sehr an der deutschen Sprache interessiert ist, wenigstens er in fünftausend Kilometern Entfernung, während die Heimat ihre eigene Kultur verschmäht! Achmed kennt selbst ein paar Brocken Deutsch und ist stolz, mich mit Guten Tag zu begrüßen, wobei ich wiederum mit meinen eilig im Flugzeug erlernten usbekischen Floskeln gegenhalten kann. Achmed verlässt alsbald das Abteil, und wir haben Gelegenheit, uns mit unseren Mitreisenden, mit denen wir das Viererabteil im Liegewagen teilen, zu unterhalten. Da ist sie, die schöne Braut im goldenen Kostüm, herausgeputzt wie ein bunter Vogel im schillernden Federkleid! Vor zwei Wochen hat sie, gerade zwanzig Jahre alt, geheiratet. Die Heirat arrangierten die Eltern. Und damit verbunden sind hochkarätige Geschenke, die die Familien austauschen, ganz zu schweigen von der aufwändigen Hochzeit. Da geht schon mal ein Mittelklasseneuwagen drauf, und das junge Paar startet mit einem Riesenberg Schulden in die Zweisamkeit. Ein Kuß kann also teuer zu stehende Folgen nach sich ziehen! Ihren zukünftigen Mann, einen Berufssoldaten, lernte die Dame aus dem Zug genau einen Tag vor der Hochzeit kennen. Nun, so ist es Brauch, sucht die Braut das Haus der Familie ihres Mannes auf und reist deshalb von der Ecke des Landes auf der

Landkarte rechts oben in die andere Ecke nach links unten. Begleitet wird sie von der Schwiegermutter, so ist es Sitte; sie soll die Braut beschützen, vielmehr auf der langen Reise hindern. An was? Na ja, man kann es sich denken. Dass auch den Herren eine leibliche Schwiegermutterfußfessel zustünde, ist mir bislang nicht zu Ohren gekommen; verbotenes Naschen vor dem Hauptgericht lässt sich ja hier auch schlechter nachweisen.

Bald erreichen wir Kungrad, die Endstation. Nach dem lebendigen Taschkent, dem Beginn unserer Bahnreise, mit seinem quirligen Leben, den halsbrecherisch fahrenden Privat-Taxis, der ohrenbetäubend donnernden Untergrundbahn, den geldtauschenden Männern des Schwarzmarktes, die jeden Fremden mit „Dollar-jewro-dollar-jewro" begrüßen - nach dieser Stadt wirkt Kungrad tatsächlich wie eine Endstation, als lange der tote Aralsee mit einem knochigen Arm herüber. Die Menschen verarmt, der Basar schmutzig, die Stadt vor allem am Abend leblos: keine Cafés bzw. Teestuben, und ein Hotel fanden wir erst recht nicht. Zum Glück empfängt uns eine Bekannte, die in einem Bauernhaus am Rande der Stadt lebt. Mit ihr begeben wir uns zunächst auf die Suche nach einem Stempel. Es ist Tag drei meines Aufenthaltes, und in den Formularen der usbekischen Botschaft zur Beantragung eines Visums stand schwarz auf weiß, dass sich jeder Tourist innerhalb von drei Tagen im Hotel zu registrieren habe. Ein Hotel in Taschkent fühlte sich aber nicht zuständig, da wir privat lebten; nun suchen wir in Kungrad eine Behörde. Die Beamten im Rathaus sind freundlich, notieren alle möglichen Informationen über meine Person und lassen uns warten, lange warten, sehr lange warten. Der Stempel für die Bescheinigung fehlt, und diejenige Person, die den Schlüssel für den Schrank, in dem sich jener befindet, besäße, sei nicht erreichbar. Auf Usbekisch, das ich nicht verstehe, erklärt der eine Beamte meiner Freundin, dass sie sehr hübsch sei – was ich nachvollziehen kann – und macht sich dann dahingehend verständlich, dass meine Registrierung nur erfolgen könne, wenn sie ihm ihre e-Mail-Adresse aufschreibe – was ich nicht mehr nachvollziehen kann. Sie tut es, natürlich schreibt sie eine falsche auf, was ich zunächst aus dem seitlichen Blickwinkel erst einmal verwundert registriere, ohne die Sache bis dahin begriffen zu haben. Schließlich verlassen wir die Behörde nach langem Warten, um am nächsten Morgen wiederzukommen. Der Herr mit dem Schlüssel war einfach nicht zu finden. Die Nacht verbringen wir nach einem ausgiebigen Mahl mit Fladenbrot, Käse, Wurst, Pelmenisuppe und grünem Tee mit Zitrone auf dem Bauernhof in einem geräumigen Haus aus Lehm. Der alte Ofen erinnert an jene aus sowjetischen Märchenfilmen; eine Art Sitz- oder Liegegelegenheit, um sich im Winter zu wärmen. Die Nächte hier sind bereits deutlich kälter als in Taschkent, auch tagsüber war es kühler. Die Menschen schon mit langen Hosen, Röcken und dicken Jacken bekleidet; wie muss ich da einem exotischen Vogel gleich mit kurzen Hosen und kurzärmligen Hemd gewirkt haben, glücklich, der Kälte in der Heimat entflohen zu sein. Am anderen Morgen gehen wir erneut zur Behörde. Man teilt uns mit, dass eine Aufenthaltsbescheinigung hier gar nicht ausstellbar ist. Derweil lag es gestern nur am Stempel? Die Beamten schicken uns in eine andere Behörde am anderen Ende der Stadt, die mit Visaangelegenheiten betraut ist. Dort aber angekommen, verweist man uns an eine Behörde in der achtzig Kilometer entfernt liegenden Gebietshauptstadt Nukus. Da sagen wir auf Russisch „Nu ladno – was soll's" und handeln mit einem privaten Autobesitzer den Fahrpreis zu dem eine Stunde entfernt liegenden Aralsee aus, denn dieser bzw. der Ort, an dem er sich mal befand, ist ja das eigentliche Ziel unserer Reise mit der Bahn von Taschkent nach Kungrad, nicht der Besuch unzähliger Amtsstuben, die mit ihren weißgetünchten Wänden weltweit den gleichen Charme versprühen. Irgendwie wird sich das mit der Bescheinigung schon richten. Vielleicht habe ich Glück, und es ist wie in

Russland, dass die Dreitagefrist nur Werktage beinhaltet, denn heute ist Sonntag, und somit hätten wir noch Zeit bis morgen zu unserer nächsten Station Urgensch in der Oase Choresm. Doch dazu später. Der Felder, die wir auf der Autofahrt passieren, unterstreichen den traurigen Eindruck, den eben noch die Stadt gemacht hat. Viele Anbauflächen sind aufgegeben und verwildert, und je näher wir dem ehemaligen Aralsee kommen, desto trockener wird die Landschaft, desto spärlicher die Vegetation. Dann endlich erreichen wir Monjak, früher eine Hafenstadt, die bis vor dreißig Jahren von Fischfang und -verarbeitung lebte. Tatsächlich - wir sehen Wasser! Es handelt sich aber nur um einige vor wenigen Jahren neu angelegte Teiche, durch Kanäle gespeist, um zumindest die Bewohner der Stadt mit einer geringen Menge an Fisch zu versorgen. Dann halten wir auf einem Hochplateau und sehen in die unermessliche Weite. Sand, durchbrochen von einigen ausgedörrten Büschen. Nichts als Sand! Das ist der Aralsee, das war der Aralsee. Wir stehen auf dem Hochufer, und quasi zu unseren Füßen im Wüstensand liegt eine rostende Fischfangflotte, fast ein Dutzend Schiffe. Der Sandboden noch voller Muscheln, als hätten nur vor wenigen Stunden die Gezeiten das Wasser vorübergehend abgezogen. Doch der Aralsee kommt nicht mehr zurück! Bis auf eine kilometerlange Salzlache im Nordwesten ist der See, der einmal halb so groß wie Ostdeutschland war, nicht mehr existent. Es sei ziemlich genau im Jahre 1978 gewesen, als in Monjak auf einmal das Wasser fehlte. Man kann sagen, es passierte über Nacht, ohne Ankündigung, ohne Vorwarnung, ohne dass man noch hätte irgendwie reagieren, wenigstens die Schiffe an einen anderen Ort des schrumpfenden Sees navigieren können. Die übermäßige Bewässerung, die Intensivierung der Landwirtschaft, das Vervielfachen der landwirtschaftlichen Anbaufläche für im Steppenklima besonders durstige Baumwollpflanzen brachte die beiden Flüsse Amudarja und Syrdarja, die ganz allein aus eigener Kraft den See speisten, an den Unterläufen zum Versiegen. Als kämpfte der Aral lange Jahre, hielt er tapfer mit letzter Kraft seinen Wasserstand, um dann urplötzlich zusammenzubrechen, wie ein Mensch, der sich gegen eine schwere Krankheit zur Wehr setzt und letztendlich doch von ihr überwältigt wird. Mit bestürzender Eile verschwand das Wasser auf ein Nimmerwiedersehen. In früheren Jahrhunderten kamen die Menschen mit dem Wüstenklima zurecht, produzierten mehr oder weniger für den Eigenbedarf. Das konnte der See verkraften. Anahida, die zoroastrische Göttin des Wassers – auch nach der Islamisierung im 8. Jahrhundert bis in unsere

Tage verehrt –; sie betrachtete das Tun der Steppenbewohner mit Wohlwollen. Erst als die Menschen jegliches Maß verloren, zürnte sie. Aber was sollen die Anrainerstaaten heute machen? Die Menschheit ist so hungrig auf Baumwolle wie nie zuvor. Und wovon sollen die Menschen leben, verzichteten sie etwa auf diesen Wirtschaftszweig?

Für hiesige Verhältnisse ist es ein kleiner Batzen Geld… Doch die Erleichterung überwiegt, als ich, vom Aralsee zurück, auf dem Bahnhof von Kungrad nach langem Hin und Her eine Aufenthaltsbescheinigung erhalte. Ein Stempel ist drauf, eine Unterschrift ebenso, nu ladno – was soll's.

Für uns als Touristen sind diese kleinen Geschichten amüsant, anekdotenhaft der Mitteilung zum allgemeinen Kopfschütteln wert; doch wie ist es mit den Menschen, die vor Ort leben?

Die Autofahrt von Kungrad in die Oase Choresm dauert mehrere Stunden. Wir haben ein Sammeltaxi gemietet, warten zunächst an einer Art Raststätte auf einen weiteren Mitreisenden. Der kleine Imbiss ist Treffpunkt von Reiselustigen und privaten Taxifahrern, die ihre Kundschaft suchen. Eine Polizeistreife macht Halt, genießt auf speziell angefertigten Hochsitzen im Schneidersitz grünen Tee mit Zitrone und Lagman, die traditionelle Nudelsuppe. Nicht weit von ihm torkelt und lallt ein Mann, sucht Klienten für sein Auto. Niemand vertraut sich dem Trunkenen an, und der Polizist lässt sich beim Mittagsmahl nicht stören. Unser Mitreisender fällt durch sein akzentfreies Russisch auf, einer, der an einer in Planung befindlichen Erdgastrasse zu tun hat, ein Russe aus dem Wolgagebiet. Er fingert aus einer großen Kiste für jeden von uns eine Banane durch einen winzigen Schlitz heraus; verlegen bedanken wir uns für die vollends zerquetschten Früchte. Gibt es in Deutschland Bier, will er wissen und noch so manches andere, da bin ich schon in Gedanken auf dem Flughafen in Taschkent:

Die Abfertigung verzögert sich durch die langwierigen Kontrollen. Noch einmal durchleuchten die Zöllner jedes Gepäckstück, als hätten die Reisenden während des Fluges Gelegenheit gehabt, Kontakt zu irgendwelchen Terroristen aufzunehmen - dasselbe Prozedere, wie ich später erfahren sollte, nach dem Rückflug in München. Dann erscheint er: Der Kusmitsch der Usbeken. So wie Regisseur Alexander Rogoschkin im Filmklassiker „Die Besonderheiten der nationalen Jagd" das Klischee des typischen wodkatrinkenden Russen zeichnete, so stand er hier – der usbekische Kusmitsch! Schlaftrunken mit gläsernen Augen in die Abfertigungshalle dreinblickend, die unmoderne Lederjacke über dem Arztkittel, in

97

der Hand einen schäbigen Koffer mit einem großen roten Kreuz darauf. Das war der Rettungsarzt vom Flughafen. Die Damen gesetzten Alters der Reisegruppe aus dem Münchner Flieger waren nicht imstande, es bei einem Schmunzeln zu belassen. Schallend tönte ihr Lachen in der Flughafenhalle. Ob sie sich mancher Unterrichtsstunde ihrer Jugendzeit Ende der dreißiger Jahre erinnerten, oder war es nur der ungewohnte Anblick, dass auch ein Mann mit mongolischen Gesichtszügen schlaftrunken dreinblicken kann, genauso wie es bei anderen Völkern vorkommt? Das Geheimnis ihres Gaudis behielten die Damen für sich, und der Doktortitel auf dem Kofferanhänger einer der Damen stimmte mich nachdenklich…

Ja, natürlich haben wir Bier in Deutschland. Auch bei uns gibt es Wälder. Danke, wir haben noch Bananen, die essen wir später.

In Choresm angekommen, besichtigen wir am folgenden Tag Chiwa. Die Stadt ist ein Märchen aus Tausend und einer Nacht. Vollständig von einer gewaltigen Stadtmauer aus Lehm umgeben entfaltet sich im Inneren eine orientalische Pracht. Von einem Stadttor zum anderen gelangt man über eine Art Hauptachse. Hier liegen die wichtigsten Sehenswürdigkeiten, und die Stadtplaner der letzten Jahrzehnte haben diese sozusagen freigelegt, vom Wildwuchs der kleinen

Lehmhäuser befreit, so dass Grünanlagen und weite Plätze zum Verweilen einladen. Links und rechts von dieser Touristenachse steht eine verwinkelte Altbebauung mit Wohnhäusern. Und auch da gibt es einiges zu entdecken. Eine Medrese, eine Holzbildhauerschule und ein Haus mit Widderkopf über der Tür. Er soll vor dem bösen Blick schützen. Durch das ungewöhnliche Hauszeichen wird der böse Blick abgelenkt, und erst der zweite, der „gute", trifft den Hausherrn. An anderen Häusern findet man Flaschen, in denen sich Salz oder Salz und Pfeffer zusammen befinden. Sie hängen neben dem Hauseingang, meist unterhalb des Daches, und sollen dasselbe bewirken. Manche Überzeugungen und Bräuche stammen aus vorislamischer Zeit: Das Hochzeitspaar fährt im Auto über ein Feuer, erstaunlicherweise ohne dass das Auto Schaden erleidet. (Da kann die autonome Szene in Connewitz was lernen: Autos anzünden, ohne sie abzubrennen!) Hier wird an die reinigende Kraft des Feuers erinnert, wie sie Thema in der Religion des Zoroaster war und bei den wenigen Anhängern, die es heute noch im Iran gibt, noch ist. Der Flussgöttin Anahida opfert man beim Überqueren des Amudarja, und die Totenwäscher, im Islam achtenswerter Natur, haben hier dagegen weiterhin die negative Konnotation wie zu Zoroasters Zeiten. Es gibt regelrechte

Totenwäscherfamilien, die nur innerhalb ihrer Branche heiraten, heiraten können, weil niemand mit ihnen zu tun haben will. Snessarew wähnte Ende der 1950er Jahre diesen Aberglauben im Aussterben begriffen, doch erwies der sich als ungemein zäh und besteht bis heute unverändert weiter.

Abb. Stadtansicht von Chiwa, Öl auf Leinwand, 2010.

Wer denkt, wir in Mitteleuropa wären frei von Aberglauben, sei an die vielen Schlüsselanhänger aus Glas oder Stein erinnert, in mediterranen Souvenirläden und auf unseren Mineralienbörsen dutzendweise feilgeboten. Sie symbolisierten ein blaues Auge. Oder die Halskettenanhänger in Form einer Hand, auf deren Innenfläche einen ein Auge mustert. Sie findet man gewöhnlich in Naturschmuck- und Heilsteinläden, in denen es nach Räucherstäbchen duftet und harmonische Klänge redundanter Melodien das Ohr erfreuen, die Verkäuferin gewöhnlich ungeschminkt und Kleider aus Hanf oder Filz tragend. Nachhaltig mit Öko-Zertifikat. Wer jetzt immer noch nicht überzeugt ist, der werfe einen Blick in die Esoterikabteilungen unserer deutschen Buchläden. Da kann jeder, dem es gefällt, ein Büchlein über Heilsteine kaufen, und die bunten Kieselchen gibt's im Säckchen gleich dazu oder die wie auch immer gearteten Schwingungen eines alten Stück Harzes, eines Bernsteins, im Wasserglas für sein Wohlergehen nutzen. Usbekistan – eine Reise, die die Augen öffnet, dass Orient und Okzident gar nicht so verschieden sind – im Wunderbaren wie im Wunderlichen.

Gleich hinter dem Stadttor erhebt sich der wuchtige Torso des Kalta-Minar-Minaretts. Es blieb unvollendet. Es braucht wenig Fantasie, sich die enormen Ausmaße, besonders die Höhe vorzustellen, wäre es jemals zu Ende gebaut worden. Das andere, der Stadt höchste Minarett Islam-Chodsha, erbaut im Jahre 1910 und in dieser Region vor der Oktoberrevolution zuletzt errichtet, kann man besteigen und hat dann einen beeindruckenden Blick auf die Stadt. Obwohl sich das Zentrum nur in wenigen Minuten in beiden Himmelsrichtungen durchqueren lässt, benötigten wir weit über einen halben Tag für die Besichtigung. Erst die Abenddämmerung, die die Stadt in ein orange-gelbliches Licht taucht, bis die Straßen schließlich unter dem matt schimmernden Himmel in völliger Dunkelheit verschwinden, beendet den Besuch. Da gibt es zahlreiche Medresen, Islamschulen, heute sämtlich Museen. Und was man nicht alles besichtigen kann: Handwerkskunst, Naturkunde, Stadtgeschichte, ja die Gebäude selbst mit ihren verwinkelten Gängen, die oft nur in gebückter Haltung passierbar sind, bis sich ein geräumiger Innenhof mit leuchtend blauer Majolikapracht eröffnet. Selbst einen Harem gibt es noch, allerdings als Museum. Die letzten Frauen sollen erst im Jahre 1920 angezogen ausgezogen sein. Gerade dort echauffiert sich eine traditionsbewusste Dame im Chalat lauthals auf der Straße über das Aussehen meiner Freundin, mokiert deren offen getragenes Haar und die Jeanshosen.

Die Reise geht weiter nach Buchara. Mit einem Privattaxi verlassen wir die riesige Oase Choresm und durchqueren in einer sechsstündigen Fahrt über Straßen, die Leipziger Fahrbahnbelagqualität haben, die Wüste Karakum. Eine neue autobahnähnliche Verbindung ist aber in Bau, sie soll die eng beieinander liegenden Touristenzentren Taschkent, Samarkand, Buchara mit dem entfernt liegenden Chiwa verbinden. Die Stadt ist es wert, mehr Aufmerksamkeit zu bekommen, und vielleicht könnte die verwinkelte Altstadt auch wirtschaftlich von mehr Dauergästen profitieren – mit kleinen Teestuben und Pensionen.

Die wichtigste Voraussetzung für eine Taxifahrt, sei es in den Straßen Taschkents oder über Land, ist Gehörschutz. Kaum das Gaspedal betätigt, folgt der Griff zum Radio, und ohrenbetäubende Musik erfüllt sogleich die Fahrgastzelle. So auch wenige Sekunden nach dem Klacken des Türschlosses in Choresm. Da fühle ich mit Erleichterung, wie sich meine Ohrstöpsel langsam in meinen beiden Gehörgängen ausdehnen. Zuerst verschwinden die Fahrgeräusche, dann wird die Musik allmählich dumpfer, und, als die zwanzig Dezibel Schalldruckdämpfung zu ihrem vollen Einsatz kommen, endlich auch leiser. Im Hintergrund ist nun nur noch der elektronische Rhythmus wahrnehmbar, der an das monotone Stampfen einer alten Eisenschmiede erinnert, durchbrochen vom Knattern eines Mopeds. Bald folgt das zweite Lied. Nun wechselt der Rhythmus zum Vibrieren einer Rüttelplatte, das hin und wieder von einem Dampfhammer abgelöst wird. Das bleibt also übrig von der modernen Musik, wenn sie um zwanzig Dezibel gedämmt. Wenn das Beethoven wüsste!

Buchara – die Schöne! Ja, diese geflügelte Umschreibung ist durchaus passend. Dabei hat Buchara keine so in sich geschlossene

103

Altstadt wie Chiwa, ganz zu schweigen vom Gigantismus der Bauten Samarkands.

Abb. Straße in Buchara, Öl auf Leinwand, 2010.

Vielmehr ist es das Lebensgefühl der Stadt, welches verzaubert. Sie wirkt ursprünglicher, weil die Lehmhäuser der Altstadt nicht durch die Stadtplaner der letzten Jahrzehnte von den Monumenten separiert wurden, so wie man eine Knoblauchknolle schält, um an die Zehen zu kommen. Typisch für diese Stadt sind „haus" genannte Wasserbecken, um die sich Medresen oder Moscheen gruppieren. Das Wort „haus" an sich steht für Wasserbecken und klingt nur rein zufällig wie das deutsche Wort. Ein Kanal, der von Pflege profitieren würde, zieht durch die Altstadt und beflügelt Träume.

Wenn dem Land, in dem Stromausfälle zur Tagesordnung gehören, mehr Wirtschaftskraft beschieden wäre, könnten hier am Flusslauf Restaurants und Cafés entstehen, so wie beispielsweise Wittenberg von der Öffnung der Stadtkanäle vor zehn Jahren profitiert hat, die, obwohl Rinnsale, die Menschen in ihren Bann und besonders auf die Freisitze ziehen. In Buchara zeigt sich die vielfältige Geschichte des Landstriches, wie unzählige Male die verschiedensten Kulturen gewechselt und dem Land ihren Stempel aufgedrückt haben. Die Maghak-e-Attari-Moschee, heute ein Teppichmuseum, geht bis auf das neunte Jahrhundert zurück. Ihre Geschichte begann als buddhistischer Tempel, dessen Mauern im Inneren freigelegt sind. Nur wenige Jahre jünger ist das Mausoleum der Samaniden außerhalb der Innenstadt, ein Wunderwerk aus Ziegelsteinen. Ebenfalls etwas am Rande des Zentrums befindet sich der Hiobsbrunnen. Islam, Christen- und Judentum teilen zahlreiche Heilige, und oft ist deren Geschichte mit mehreren Orten, die gleichsam konkurrieren, verknüpft. In der Regel besuchen Christen, Juden und Muselmänner gemeinsam diese Stätten, beten, erhoffen sich dort Kraft und mit einem Geldschein, am rechten Ort neben dem Grab platziert, auch ein wenig Glück. Was in der großen Politik unter den Völkern nicht gelingt, hier bereitet gegenseitiger Respekt keine Probleme. Immer wieder verlängern wir unseren Aufenthalt in Buchara, weil wir jeden Abend feststellen, was wir alles noch nicht besichtigt haben. Zum Beispiel das Hamam, getrennt nach Mann und Frau. Die Badefrauen waren in islamischer Zeit sehr einflussreich, hatten die heiratswilligen Männer angesichts der Verschleierung und auch sonst züchtigen Kleidung wenig Möglichkeiten, die körperlichen Vorzüge ihrer künftigen Ehefrauen mit hinreichender Genauigkeit zu taxieren. Gegen ein nicht unerhebliches Trinkgeld brachte man(n) die Badefrauen dazu, über die Proportionen und Rundungen ihrer Gäste Bericht zu erstatten. Das erleichterte den Herren die Wahl ihrer Zukünftigen ungemein. Ob sich die erwählten Ehefrauen im Männer-Hamam in ähnlicher Weise rückversicherten, ist indes nicht überliefert. Heute reichen allein die Blicke auf die jungen Damen in den Geschäftsstraßen, wo sie wie ihre Schwestern in den europäischen Metropolen ihre Schönheit zur Schau stellen. Bei allen Besichtigungen sollte man sich die Zeit lassen, im Takt der Stadt mitschwingen, viel grünen Tee mit Zitrone trinken, die köstlichen Schaschliks genießen, die Händler in den Stadttoren besuchen. Das Bildermuseum ist einem Besuch wert, die Puppenmacherwerkstatt, die Synagoge, ebenso die Zitadelle, Ark genannt, die, man glaubt es kaum, auf einem künstlichen Hügel über der Stadt thront. Die Aufschüttung besteht aus Lehm, gestützt von Lehmziegeln. An den Stellen, wo diese in Auflösung begriffen sind, wirkt der Hügel wie ein natürlicher. Oben wartet ein interessantes Museum zur Geschichte der Stadt. Doch eines vermissen wir: den wunderschönen Blick auf Buchara mit der Moschee Kaljan, ihrem berühmten fünfzig Meter hohen Minarett und der gegenüberliegenden Medrese Mir-i Arab, so wie wir ihn im Reiseführer fanden. Alle Aussichtspunkte, die zugänglich sind, gehen in die entgegengesetzte Richtung. Also fragen wir. Und siehe, für eine gewisse Summe an Sum, der einheimischen Währung, öffnet sich unter dem Schutz eines Polizisten ein rostiges Tor und gibt den Blick auf eine Ruinenlandschaft über den Dächern der Stadt frei. Dies sind die Zerstörungen sowohl der ersten Eroberung der Stadt durch die Russen im neunzehnten Jahrhundert als auch die der Oktoberrevolution. Endlich haben wir die fotogene Silhouette vor uns.

Nicht weit von der Zitadelle stadtauswärts, sagen wir gegenüber am Rande eines Parks, befindet sich die Bala-Haus-Moschee. Ein Traum aus tausendundeiner Nacht mit einem hohen Vorbau, Iwan bezeichnet, sozusagen ein Vordach auf langen Holzsäulen, über und über mit farbigen Holzschnitzereien verziert.

Besonders romantisch wirkt die Architektur vom „haus", vom Wasserspeicher aus betrachtet, spiegelt sich doch darin die Pracht, so dass man sie gleich zweimal bewundern kann. In den verwinkelten Gassen Bucharas findet sich so manche weitere architektonische Kostbarkeit; kleine Winkelmoscheen, auch eine größere mit leider ausgetrocknetem „haus". Ein wunderschöner Ziegelbau, offenbar ein Profanbau, aus der Mitte des neunzehnten Jahrhunderts hat deutliche Risse im Mauerwerk, und seine blinden Fenster verraten den morbiden, bereits moribunden Zustand des Gemäuers, das trotz Denkmalschutzschild wohl bald verschwunden sein wird. Nein, auch hier haben wir Deutschen keinen Grund, dem verarmten Land moralisierend zu predigen, bedenken wir die Spur der Verwüstung, die das Stadtumbau-Ost-Programm an unserer deutschen Architekturgeschichte hinterlässt; und sind wir uns angesichts der verfallenen Gründerzeithäuser in Magdeburg, Chemnitz oder Halle ihres baldigen Verlustes bewusst, sehen wir, dass jenseits des Kaspischen Meeres eben nicht alles so völlig anders und bei uns geschweige denn nicht alles besser ist. Ach, ließen wir Deutschen im Ausland wenigstens einen Teil unserer Arroganz zurück und würden unsere eigenen Unzulänglichkeiten etwas kritischer sehen! Apropos Ökologie. Die ist auch in Usbekistan groß in Mode. Das kommunistische Pfandsystem existiert nicht mehr, den Getränkemarkt haben zwei westliche Firmen übernommen: Das, was nach nichts schmeckt, das Mineralwasser, kommt von Nestle; das, was nach irgendetwas schmeckt, von Coca Cola. Das stimmt nicht ganz; in Samarkand fanden wir in einem Laden original französisches Mineralwasser der Marke Perrier, die Siebenhundertfünfzigmilliliterflasche für 14100 Sum, das sind rund fünf Euro. Sechstausend Kilometer Transport, Benzin oder Kerosin!

Zurück zu den bunt bedruckten Plasteflaschen. Hier finden sich die gängigen Umwelt- und Recyclingzeichen, deren Harmlosigkeit die Menschen offenbar ermutigt, ihren Plastemüll in der Natur abzuladen. Auch hier bitte keine Fingerzeige! Denken wir an den Müll in unseren gesamtdeutschen Wäldern und die unzähligen Trabis und Wartburgs, die die Ostdeutschen nach der Wende in Seen und Teichen in den Kreislauf der Natur zurückführten. In südlichen Ländern ist es wegen des Wassermangels Sitte, alle Papierangelegenheiten, die durch einen Toilettengang anfallen, in einem Papiereimer zu verstauen. Sonst würden durch die festgebackenen Papierschichten die Abwasserleitungen sprichwörtlich zukleistern.

Im Hotel in Buchara machte ein moderner Aufkleber die Touristen auf diese uralte Tradition aufmerksam: denke ökologisch, stand da in mehreren Sprachen, und das Umweltzeichen klebte gleich daneben. So verwandelt alleine eine neue Bezeichnung die Sicht auf die althergebrachten Dinge. Ein bislang gewöhnlicher Papierkorb in der Toilette erlebt einen ökologisch-klimastabilisierend ausgerichteten Bedeutungswandel.

Der Taxifahrer beginnt zu hupen. Eine Menschenmenge umringt uns wild gestikulierend, bringt den Bus, der gerade ansetzt den Parkplatz zu verlassen zum Stehen, so dass wir in letzter Minute einsteigen können. Es handelt sich um den Bus nach Samarkand. Erleichtert nehmen wir die Sitzplätze ein, verwundert über die emotionale Anteilnahme der Menschen-menge auf dem Parkplatz am Rande Bucharas. Der Bus überquert die Straße und hält nach zehn Metern Fahrt plötzlich an. Ein altes verhunztes Männchen steigt ein, murmelt Gebete, die die Reisenden im Bus mit einer typischen Geste erwidern: die Hände aneinandergelegt, dass beide Handteller eine Art offene Schale ergeben, die Geste wahrscheinlich als Symbol, Segen zu empfangen, aufzunehmen. Dann sammelt das Männchen Geld ein. Der göttliche Beistand für die Sicherheit auf der Busfahrt, das glückliche Ankommen am Zielort, ist also erst durch die entsprechende Opfergabe wirksam. Das Geld dient sicherlich dem alten Mann als Lebensunterhalt; wer ihn ansieht, braucht keineswegs neidisch zu sein. Zudem ist ja die Gabe von Almosen an Bedürftige eine der Grundsäulen des Islam. Somit vereinen sich Mitmenschlichkeit und erhoffter übernatürlicher Beistand. Allerdings habe ich mich der religiösen Handlung entzogen, was Allah mir wohl dann doch übel nimmt, lässt er den Bus einfach nicht losfahren. Wir warten eine gute halbe Stunde, dann verlassen wir das Gefährt und begeben uns zurück zum Parkplatz, um ein Privattaxi zu suchen. Da richten wir unschuldig Streit zwischen zwei Fahrern an. Der eine ließ einen Georgier, der die gleiche Richtung wie wir einschlagen wollte, warten, bis sich das Auto gefüllt und er genug Gäste für eine gewinnbringende Fahrt hatte – wir sprechen hier von drei Euro pro Person für eine Strecke von zweihundert Kilometern. Wir stehen aber am anderen Taxi, und der Georgier läuft zu uns herüber. Nun kann der eine starten, während der andere leer ausgeht. In dem Moment, wo wir unsere Reise beginnen, fährt auch der Bus los. Zwar am Rande doch erwähnenswert ist das Tankstellenwesen. Es gibt viele moderne Anlagen, aber des niedrigen Preises wegen unverzichtbar ist die private, wahrscheinlich illegale Benzinversorgung. Der Fahrer fährt zu einer bestimmten Hütte am Fahrbahnrand, und heraus kommt ein Mann mit großen Benzinkanistern. Bedrückend ist die Vielzahl von Polizeistationen. Keine Überlandstraße, die man ohne Kontrollen befahren könnte, keine Brücke im Lande, die nicht irgendwie gesichert ist. Für die Polizisten sind die Kontrollen ein einträgliches Zubrot. Da moniert einer die getönten Fensterscheiben am Lada Niva. Wegen Terrorismusgefahr muss das Auto voll einsehbar sein, also Strafe! Nun gibt es für das Modell kaum noch Ersatzteile jeder Art, und der Fahrer hatte es immerhin geschafft, alle anderen Scheiben auszutauschen. Nur die beiden letzten werden ihm an jeder Kontrolle immer wieder zum Verhängnis. Oder es gibt Gespräche wie dieses:

Ihre Papiere bitte! Sie sind mit einhundertzwanzig Stundenkilometern zu schnell gefahren.

(Der Polizist hatte aber gar nicht gemessen! Das Tempo betrug in Wirklichkeit fünfzig.)

Sehen Sie sich dieses alte Auto an, das fährt nie und nimmer hundertzwanzig!

(Und die schlechten Straßen noch dazu!)

Dann sind Sie eben einhundert gefahren! Oder denken Sie etwa, dass mein staatlich geprüftes Messgerät falsche Werte anzeigt?

Die Strafen sind nicht hoch, aber in der Summe sind sie für die Beamten ein kleiner

Zuverdienst. Gerne nehmen Beamte auch Gefälligkeiten. Insofern ist Usbekistan basisdemokratischer als Deutschland. Dort kann man auch mit kleinem Geldbeutel bestechen, hier ist dies aufgrund des Preisniveaus vorläufig nur den oberen Schichten vergönnt. Immerhin, in Usbekistan ist es Sitte, dass die Polizisten jeden mit Handschlag begrüßen, im Guten wie im Bösen. So wird die widerwillige Gabe dann doch noch zum Freundschaftsdienst.

Sprechen Sie Russisch?, fragt mich eine wilde Meute Schuljungen. Ich verstehe nicht, denn sie fragen mich in Usbekisch. So wiederholen sie mehrmals ihre Frage, auf Usbekisch. Am Ende klappt die Verständigung dann doch: Wo kommen Sie her? Deutschland? Ja, das finden sie irgendwie gut. Tolle Fußballmannschaft. Sie nennen mir Namen von Spielern, die ich natürlich nicht kenne, weil mich Fußball nicht über Gebühr interessiert. Ob mir Samarkand gefalle. Natürlich, eine wunderschöne Stadt. Ist sie schöner als Ihre Stadt in Deutschland? Natürlich, viel interessanter. Die wilden Kerle jubeln und rufen: Samarkand – nasch gorod, unsere Stadt! Fröhlich ziehen sie von dannen. Irgendwie haben sie Recht. Wir sahen bis jetzt dutzende Medresen und Moscheen in bezaubernden Architekturformen, doch was Samarkand zu bieten hat, übertrifft alles vorher Gesehene, übertrifft es schlichtweg an Größe. Hier sind die Bauten um Vieles gewaltiger, der Mensch verschwindet angesichts der Baumassen in der Bedeutungslosigkeit. Neben dem Ensemble am Hauptplatz, dem Registan, ist das Grab Timurs ein herausragendes Baudenkmal. Seine Person ist selbst unter den Usbeken, je nachdem aus welchem Landesteil sie kommen, nicht unumstritten. Steht er doch in der Nachfolge der Mongolen, die das Land mit Krieg überzogen, mordend, vergewaltigend und plündernd fast die ganze Bevölkerung ausrotteten. Erst unter jenem Timur konsolidierte sich das Land und erreichte eine neue Blüte, die sich in den einzigartigen Bauten Samarkands zeigt. Heute sind Timur Denkmäler errichtet, doch ist er nicht ein Nachfahre der Besatzer? Die ganze Geschichte spiegelt sich heute in den Gesichtern der Menschen wider. Hier hatten die Turkvölker ihren Ursprung, die sich in der Spätantike ausbreiteten und in die griechisch-christliche Welt Kleinasiens eindrangen und somit die engen Verwandten der heutigen Türken sind. Nicht zuletzt sind Türkisch und Usbekisch sehr ähnliche Sprachen. Eine Verständigung untereinander ist möglich. Viele der Usbeken, Turkmenen, Kirgisen usw. haben einen mongolischen Einschlag als biologisches Gedächtnis der turbulenten Geschichte des Landes. Im neunzehnten

Jahrhundert geriet die Region unter russischen Einfluss, neue Siedler kamen, vermischten sich mit den Einheimischen. Russisch wurde zur Amtssprache, und die Region blieb bis heute bilingual. Seit der nationalen Eigenständigkeit nach dem Zusammenbruch der Sowjetunion versuchen lokalpatriotische Kräfte, die russische Sprache immer mehr zurückzudrängen. Die usbekische Sprache benutzt inzwischen nicht mehr die kyrillische Schrift, sondern lateinische Buchstaben. Russische Orts- und Straßenbezeichnungen verschwinden peu à peu aus dem öffentlichen Bild. Aber gerade ältere Menschen haben Schwierigkeiten, Usbekisch in lateinischer Schrift zu lesen, bevorzugen weiterhin die kyrillischen Buchstaben. Und viele russischstämmige Usbeken haben generell Schwierigkeiten mit der fremdartigen Sprache. Das weiß auch die Werbeindustrie: Die Sprache der Werbung in Usbekistan ist eindeutig Russisch. Junge Leute lernen dagegen immer seltener Russisch. Insofern sind Presseerzeugnisse, Bücher und Fernsehsendungen des im Vergleich zu Usbekistan politisch freizügigeren Nachbarn nicht mehr nutzbar. Ohnehin verschwindet die russische Kultur langsam. Viele russischstämmige Menschen sind nach Russland abgewandert. Theater und Konzerthalle in Taschkent haben nur noch wenige Vorstellungen. Wann sie in dem wirtschaftlich armen Land schließen werden, scheint nur noch eine Frage der Zeit. So rückt das Land kulturell gen Orient.

Sucht man nach Symbolgehalt in der Architektur, könnte man im Stadtbild Samarkands durchaus Metapher für die gesellschaftliche Situation im Lande finden. Die Baudenkmäler sind fein herausgeputzt und von blitzblanken öffentlichen Plätzen umgeben. Übrigens, nicht nur die Plätze wirken wie aus dem Ei gepellt. Selbst die Autos, seien sie noch so alt, die Busse, die Taxis sind sämtlich sauber und gewaschen. Eine dahingehende behördliche Verordnung konnten wir nur für die Taxifahrer eruieren. Eine Prachtstraße, die von Geschäften, Restaurants, einem Kindergarten und einer Schule in bester Ausstattung gesäumt ist, verbindet die historischen Bauten miteinander. Es ist, als wolle sich auf diesem Boulevard ein modernes, wohlhabendes Usbekistan im Umfeld einer heroischen Vergangenheit den internationalen Gästen präsentieren. Am Beginn des Boulevards oder an seinem Ende, wie man eben will, beginnt der Basar. Die hochwertige Gestaltung setzt sich hier fort, die Beschilderungen der Abteilungen sind zum Teil sogar in Englisch. Ein wenig unterhalb dann das ursprüngliche, nicht so geordnete, nicht so saubere Markttreiben. Aber auch hier Abriss- und Neubauaktivitäten, den Einzug der Moderne ankündigend. Boulevard und Basar sind durch ein relativ kleines Tor voneinander getrennt. Dort zwängen sich nun die Touristenströme hindurch, was einigen Leuten von großem Nutzen ist. Frauen aus dem benachbarten Tadschikistan betteln hier. Mit einem Kind auf dem Arm gesellen sie sich neben einen, wehklagen ohn' Unterlass, zupfen ständig an der Kleidung, bis man entnervt einen Schein zückt. Dann kommt die Nächste. Wenn man etwas mehr Glück hat, wird man von einer anderen Dame bestürmt oder besser formuliert: am Tor am Weitergehen gehindert, indem selbige einen Teppich oder ein großes besticktes Tuch zum Verkauf feilbietet, in der Weise wie der spanische Stierkämpfer mit der roten Muleta sein Opfer in die Ecke drängt, um zum finalen Lanzenstoß auszuholen: Kaufen Sie, gute Qualität, kaufen Sie! Seitlich der schmucken Geschäfte stößt man hier und da auf große, sichtverblendete Tore; hindurch gelangt man in die Altstadt, die verwinkelten Gassen, flankiert von kleinen Lehmhäusern. Schämt sich die Nation etwa für ihre ärmlich wirkenden Altstädte? Weshalb? Auch das ist Kultur und Tradition. Erst das Entdecken der Alltagskultur bringt doch Menschen aus unterschiedlichen Welten näher! Ist vielleicht der typische Innenhof der usbekischen Privathäuser gar dem römischen *atrium* der Antike entlehnt oder die „große Halle" im Haus, in der Gäste empfangen und bewirtet werden, dem altgriechischen *megaron* nahestehend? Immerhin, das Reich Alexanders des Großen grenzte einst an diese Region. Wie lebendiger und authentischer ist da Buchara, existiert dort keine Einteilung der Architekturgeschichte in sehenswert und nicht sehenswert. Samarkand bietet nicht nur vollendete Majolikafassaden. Hier ist die Wirkungsstätte von Ulugh Beg zu besichtigen, einem Astronomen, der zu Beginn des 15. Jahrhunderts hier mit einem aus Stein gebauten Sextanten riesigen Ausmaßes die Positionen der Sterne bestimmte und die Länge eines Jahres mit erstaunlicher Präzision bestimmte. Im Jahre 1908 wurde der noch heute zu besichtigende Rest des massiven Sextanten durch russische Archäologen wiederentdeckt und anhand eines Vergleiches der damaligen mit der heutigen Lage des Meridians Überlegungen zur Kontinentaldrift angestellt.

Nebel hat sich auf die heimatlichen Felder, die unter einer dicken Schneeschicht liegen, gelegt. Darüber schimmern durch den Dunst des frühen Morgen die kahlen Baumreihen. Ein kleiner zartrosa Streifen am graublauen Himmel kündigt den bevorstehenden Sonnenaufgang an. Das Auto kommt nur mühsam auf den nicht geräumten Straßen voran, zudem versperren unzählige, verlassene Baustellen die Fahrtwege. Angesichts überzähliger Fördermittel bildeten sich auf Straßen und Gehwegen im Spätherbst unzählige Löcher, als wollte man die übriggebliebenen Finanzen geradewegs dort vergraben. Die emsigen Bauarbeiter sind längst verschwunden. Nur der Schnee und die grimmige Kälte regieren in der malerischen Winterlandschaft. Die Gedanken verlieren sich im Nebel, und einer Fata Morgana gleich erheben sich über den Baumreihen die Majolika-verkleideten Minarette von Chiwa, die riesige Kuppel des Timur-Grabes von Samarkand, die an eine bunte Zitronenpresse erinnert.

Usbekistan - ein Land der Widersprüche, ein Land am Scheideweg. Ein Land mit großer Vergangenheit, verbunden mit dem Namen des Astronomen Ulugh Beg oder des Mathematikers Al-Biruni, dann in der Rückständigkeit gefangen geblieben, als in Europa die Aufklärung den Menschen aus den Fesseln religiöser Engstirnigkeit befreite. Wenig später, Ende des neunzehnten Jahrhunderts, kamen die Russen als Eroberer. Ihre Stadterweiterungen und Siedlungen wirken wie die Städte im Westen der USA – schachbrettartig angelegt, mit breiten Straßen und kleinen Häusern, die ausschauen, als wären sie jederzeit bereit, das neue Territorium wieder problemlos zu verlassen. Noch beließen sie die alten Machthaber in den Amtsstuben und Palästen. Das änderte sich erst mit der Oktoberrevolution. Sie krempelte das Land wahrlich um, brachte Alphabetisierung, Modernität und die Emanzipation der Frau. Oder anders ausgedrückt: Der Ethnologe Gleb Snessarew sagte einst sinngemäß, das Land wurde über Nacht vom Mittelalter in das wissenschaftlich-technische Zeitalter transferiert. Doch wie überall in der Sowjetunion hatten die Menschen insbesondere in den dreißiger Jahren unter den Wahnvorstellungen des allmächtigen, pockennarbigen Georgiers zu leiden. Auch die Hoffnungen auf Demokratisierung, die Ende der achtziger Jahre mit Gasnost und Perestroika aufblühten, erfüllten sich nicht. Bis auf Kirgistan, welches gegenwärtig nach den schrecklichen Massakern an ethnischen Minderheiten ein basisdemokratisches Experiment wagt, eine Feldstudie würde der Soziologe sagen; bis auf dieses kleine Land sind alle anderen mittelasiatischen Staaten, die sämtlich die Bezeichnung Republik in ihrem Namen tragen, mehr oder weniger Diktaturen. Am schlimmsten hat es die Menschen in Turkmenistan getroffen. Deren verrückter Führer Turkmenbaschi errichtete eine Statue von sich, die sich mit der Sonne dreht, damit auf sein Antlitz tagsüber niemals Schatten fällt. Ein Buch aus einer Feder, welches Koran und Bibel in den Schatten stellen wollte, wurde dank Finanzierung bekannter deutscher

Firmen zur Sicherung von Aufträgen in mehreren Sprachen editiert. Inzwischen hat der Potentat das Zeitliche gesegnet, doch auch der jetzige Präsident ist in der vierzigminütigen Nachrichtensendung „Goldenes Zeitalter" Mittelpunkt eines jeden Beitrages. Orden werden an Verdienstvolle verliehen, deren apathische Gesichtsausdrücke an Wolfgang Mattheuers gemaltes Politikum „Die Ausgezeichnete" erinnern. Ausländische Fernsehsender neben den drei turkmenischen sind den Menschen nicht zugänglich. Das Internet ist zensiert, und die Frauen sind angewiesen, ausschließlich mit traditioneller Kleidung in die Öffentlichkeit zu treten. Um wie viel besser sind da die Verhältnisse in Usbekistan! Das Internet auch zensiert, zumindest was Seiten ausländischer Bibliotheken und wissenschaftliche Internet-archive, aus denen man Artikel abrufen kann, angeht – pornographische Seiten sind frei zugänglich. Das Leben an sich ist weniger reglementiert. Der Staatschef, seit fast zwei Jahrzehnten im Amt, lässt sich gern auf Bahnhöfen, Flughäfen und sonstigen öffentlichen Einrichtungen zitieren. In Städten findet man großflächige Werbeplakate mit seinem Konterfei, daneben fröhliche Menschen auf Traktoren und Maschinen, die die Baumwollernte einbringen. Ist es Zufall, dass wir auf den Baumwollfeldern keine einzige Maschine gesehen haben; die Wolle, im Gegensatz zu sowjetischen Zeiten, wieder mit der Hand geerntet wird und Menschen aller Berufsgruppen zum Ernteeinsatz verpflichtet werden, außer sie kaufen sich für eine Gebühr frei? Plakate einer wie auch immer gearteten Opposition sucht das kritische Auge vergeblich.

Welchen Weg wird das Land beschreiten? Glückt das Experiment in Kirgistan, könnte es Hoffnung für die benachbarten Länder sein. Oder wird der Islam dereinst zum Träger der Opposition werden? Ja, wird die tolerante Erscheinung des Islam in den mittelasiatischen Nachfolgestaaten der Sowjetunion überhaupt Bestand haben, könnte von ihr etwa eine Reformation der verkrusteten Orthodoxie, die gegenwärtig weltweit immer mehr an Einfluss gewinnt, ausgehen? Wohl kaum. Zu massiv ist der Druck vor allem aus Saudi-Arabien, einem Land, das für den Wahabismus, eine äußerst radikale, orthodoxe Form der Religionsausübung steht. Das mächtige Land der Ölscheichs finanziert neue Islamschulen und Moscheen; Bücher, Kalender und Schlüsselanhänger mit sittsam verschleierten Frauen überschwemmen das Land. Und wer kann so etwas wohl nicht gebrauchen: einen Kalender oder einen Schlüsselanhänger? Steter Tropfen höhlt den Stein. Und wie so oft in der Geschichte, sind es die Geister, die die europäischen

Großmächte einst riefen, die man nun nicht los wird: Großbritannien brachte die Wahabiden an die Macht, um das Osmanische Reich zu schwächen, ohne zu vergessen, dass Deutschland zur selben Zeit die Augen verschloss, als die osmanischen Verbündeten den Völkermord an den Armeniern begingen. Die unlautere Einflussnahme des Westens auf den Orient gipfelte im Ersticken der ersten freiheitlichen Revolution im Iran, damit die Ströme des schwarzen Goldes in angloamerikanischen Händen verblieben; die zweite Revolution schien nur kurze Zeit geglückt, bis Ajatollah Khomeini das zarte Pflänzchen Demokratie durch religiösen Dogmatismus zertrat. Ganz abgesehen von den Lügenmärchen, mit denen sich westliche Konsortien mit Hilfe kriegstreibender politischer Hasardeure den Zugriff auf das irakische Öl sicherten. Als deren Folge sterben auf Bagdads Straßen bis heute täglich Menschen durch Attentate. Und Usbekistan steht wie die ganze Region am Scheideweg. Fünfundzwanzig Jahre sind seit den enttäuschten Hoffnungen der Demokratisierung in der Sowjetunion vergangen – in einem weiteren Vierteljahrhundert wird das Land völlig verändert sein. Welchen Weg es dabei gegangen sein wird, bleibt offen. Erinnert es nicht an die schöne Braut aus dem Zug nach Kungrad? Ohne sie zu fragen in eine neue Beziehung geworfen, nicht ahnend,

123

was die Zukunft bringen wird. Jung und hübsch, voller Hoffnung, doch zugleich hilflos dem Schicksal ausgeliefert, von anderen gekauft.

Meine Gedanken streifen den Rückflug in die Heimat. Die Wolkendecke hat sich ein wenig gelichtet. Hier und da lässt sich Land erahnen, nachdem das Kaspische Meer überflogen ist. Dann durchbrechen plötzlich die gigantischen Felsmassive des Kaukasus die Wolkendecke, endlich zerreißt jene völlig und gibt den Blick frei auf eine majestätische weiße Wand. Obwohl aus vielen tausend Metern Höhe gesehen, ist dieser Anblick bezaubernd und ehrfurchterregend zugleich. Was ist der kleine, dahinsausende silberne Punkt am Himmel gegen die steingewordene Ewigkeit? Ein vergänglicher Schatten, der in Sekundenschnelle über die eisbedeckten Gipfel huscht. Dieser Anblick macht das Herz höher schlagen, die Gedanken jagend; ja wenn es Göttliches gäbe, wo, wenn nicht hier in der Erhabenheit der Natur – in ihr selbst – wäre es zu finden? Wie fremd wirkt da des Menschen Anbetung von Götzen und Idolen, wie egoistisch die hiesigen Esoteriker, die mit Wundertröpfchen und Energieschwingungen ihr in der Unendlichkeit der Natur bedeutungsloses Dasein in den Mittelpunkt rücken und vor lauter Wahnwitz das Singen der Amsel im Frühling vor dem eigenen

Fenster überhören. Wie jämmerlich der Aberglaube, mit Geld und magischen Handlungen das Schicksal zu seinen Gunsten bestechen zu wollen! Was ist des Menschen Glück? Darf sich nicht der glücklich schätzen, der teilhaben kann an jenen Minuten der Flugreise, der hier das eigentlich Wunderbare, die schneeweißen Gipfel des Kaukasus, miterlebt, der ein Land mit seinen Menschen verlässt, das er schätzen gelernt hat und der einen liebenden Menschen zurücklässt in der freudigen Erwartung des baldigen Wiedersehens. Ist der nicht glücklich?

Dezember 2010

Inhalt

Vorwort   3

Es muss nicht immer Mallorca sein. Eine
Reise in das Kaliningrader Gebiet   4

Verhaltensregeln im Ausland   17

Do widzenia in Chicago   19

Böhmische Küche   35

Gyros schmeckt! Eine Reise in die Türkei
                                40

Nach Szczebrzeszyn muss man den Schaffner
nicht unbedingt fragen…   52

Auf den Spuren sächsischer Geschichte(n)
                                67

Die Schöne im Schatten der Metropole   73

Die gekaufte Braut. Eine Reise in
tausendundeine Nacht   87